中华文明

文学卷

王 玲 著

泰山出版社·济南·

图书在版编目（CIP）数据

小天下·中华文明．文学卷 / 葛剑雄主编；王玲著．
—济南：泰山出版社，2021.2
　ISBN 978-7-5519-0306-6

Ⅰ．①小… Ⅱ．①葛… ②王… Ⅲ．①中华文化—青少年读物 ②中国文学—文学史—青少年读物 Ⅳ．① K203-49 ② I209-49

中国版本图书馆CIP数据核字（2021）第034179号

小天下·中华文明　文学卷
XIAO TIANXIA·ZHONGHUA WENMING　WENXUE JUAN

策　　划	胡　威
主　　编	葛剑雄
副 主 编	谭好哲
著　　者	王　玲
责任编辑	赵　雨
装帧设计	路渊源

出版发行　泰山出版社
　　　社　　址　济南市泺源大街2号　邮编　250014
　　　电　　话　综 合 部（0531）82023579　82022566
　　　　　　　　市场营销部（0531）82025510　82020455
　　　网　　址　www.tscbs.com
　　　电子信箱　tscbs@sohu.com
印　　刷　山东通达印刷有限公司
成品尺寸　148毫米×210毫米　32开
印　　张　7
字　　数　140千字
版　　次　2021年2月第1版
印　　次　2021年2月第1次印刷
标准书号　ISBN 978-7-5519-0306-6
审 图 号　GS（2021）5061号
定　　价　36.00元

总　序

这套丛书命名为《小天下》，自然是出于孟子的话："孔子登东山而小鲁，登泰山而小天下。"孟子的意思很明白，登高才能望远，才能望遍。就是孔子这样的圣人，也必须借助高度，才能超出正常视力的极限。如果只登上高度有限的东山，至多只能看到鲁国的全貌；只有登上当时人心目中的最高峰——泰山，才能阅尽天下。

时至今日，我们早已明白，孔子、孟子心目中的最高峰泰山离地球上的最高峰差距甚大，就是能登上珠穆朗玛峰，能看到的也只是地球这个"天下"的极小部分。只有登上宇宙飞船，并且还得借助特殊的工具，从外太空才能看到地球的全貌。但此话的哲理完全正确，古今不易。所以我们编这套丛书的目的就很明确——为我们的读者提供登上东山、泰

山,以至珠穆朗玛峰的阶梯,使他们能不断扩大视野,一步一步"小天下"。

我们主要的读者对象,是高中生、大学生或相应文化程度的青年,也就是说,这套书是适合他们的阶梯。

"书山有路勤为径,学海无涯苦作舟。"韩愈这两句话流传了一千多年,一直是激励青少年刻苦求学的名言。但到了今天,光靠勤和苦已经攀不上书山,渡不过学海了。因为这座书山过于高大,并且每时每刻在增高扩大;这片学海过于浩瀚,并且分分秒秒在拓宽加深。如果一味只讲勤和苦,以一个人有限的时间、精力和生命,也许只是在山麓徘徊,在海滨徜徉。唯有找到了阶梯,又具备攀登的实力;发现了渡船,又有了正确的导航;方能如愿以偿,接近顶峰,靠近彼岸。

人类积聚到今天的全部知识和学科,基本可以分为两类——人文和科学。我们提供的阶梯也就包含这两个部分,有的书侧重于人文,有的书基本内容是科学,有的书两者兼顾。但无论哪一种,都不是哪一门学科知识的简单延伸或扩展,都不是某门课的教学辅导书或什么解题宝典,而是人文与科学的结合。我们的读者,无论他们今后从事何种工作,选择什么专业,发挥哪方面的作用,在社会上处在什么地位,都需要奠定这两方面的基础。就人文而言,重要的是通过哲学、历史、文学、艺术、美学等学科的学习,确立基本的价值观念、审美情趣、生活方式、理想信念，而不仅仅是具体的知识。就科学而言，重要的是通过对自然科学、社会科学主要领域的学习，掌握基本的逻辑推理、归纳综合、分析思维的能力，而不仅仅是具体的概念。

正因为如此，我们的选题并不对应于高中、大学的课程，也不求覆盖全部学科，而是选择了一些关键性、综合性，特别是我们的读者最需要的一些专题，陆续出版。首批的各卷分别是国家、民族、军事、商业、思想、文学、艺术、民俗，后续各卷将分批出版。"小天下"的阶梯将不断升高，不断增宽。

我们的作者都是优秀的学者、教师，尽管他们自己未必已达到一流水平，但要求他们必须应用本专业、本领域的一流成果、权威结论。还要求他们用读者喜爱的表达方式、能明白的语言，像老师与同学们谈心聊天那样来写这套书。我们更希望在这套书问世以后，作者能走进校园，走向社会，与读者们交流，了解他们的需求，听取他们的意见，不断修订完善，使"小天下"的阶梯愈益精良坚实，也使阶梯的使用者持续增多。

葛剑雄

目录

绪论　传世文心 ……………………… 001

第一章　浑融源头与先秦文学 ……… 009

第一节　远古遗韵 ……………………… 012
　一、原始歌谣 ………………………… 012
　二、上古神话 ………………………… 013

第二节　礼乐风雅 ……………………… 016
　一、孝悌亲情 ………………………… 017
　二、婚姻爱情 ………………………… 018
　三、家国情怀 ………………………… 020

第三节　诸子散文 ……………………… 024
　一、救世热忱 ………………………… 025
　二、逍遥自然 ………………………… 032

第四节　楚辞 …………………………… 040
　一、荆楚文化 ………………………… 040
　二、屈原作品 ………………………… 042

第二章　恢宏盛世与两汉文学 051

第一节　巨丽大赋 055
一、大赋形成 055
二、相如赋作 058

第二节　皇皇史书 062
一、发愤著书 062
二、《史记》 066

第三节　乐府民歌 067
一、下层疾苦 067
二、婚姻爱情 068
三、惜时爱生 068

第三章　人的自觉与魏晋文学 071

第一节　建安风骨 074
一、曹氏父子 075
二、建安七子 082

第二节　魏晋风度 083
一、嵇康 083
二、阮籍 089
三、陶渊明 092
四、狂狷人格 096

第三节　山水清音 ·············· 103
　一、寄情山水 ················ 103
　二、初发芙蓉 ················ 104

第四章　开放包容与唐代文学　107

第一节　初唐诗坛 ·············· 111
　一、初唐四杰 ················ 112
　二、陈子昂 ·················· 118
　三、张若虚 ·················· 120

第二节　山水田园诗派 ·········· 121
　一、王维 ···················· 122
　二、孟浩然 ·················· 127

第三节　边塞诗派 ·············· 129
　一、高适 ···················· 129
　二、岑参 ···················· 130
　三、其他边塞诗人 ············ 131

第四节　盛唐诗坛 ·············· 135
　一、盛唐气象 ················ 135
　二、李白 ···················· 136

第五节　仁者情怀 ·············· 143
　一、杜甫 ···················· 143

二、元白 ················· 149
　　三、韩愈 ················· 154

第五章　文化造极与宋代文学 ··········· 161

第一节　宋代诗文 ················· 166
　　一、宋代诗歌 ··············· 166
　　二、宋代散文 ··············· 169

第二节　宋词 ··················· 172
　　一、婉约清词 ··············· 173
　　二、豪放壮词 ··············· 184

第六章　市民文化与元明清文学 ··········· 189

第一节　元明戏曲 ················· 193
　　一、元代杂剧 ··············· 193
　　二、明代传奇 ··············· 200

第二节　明清小说 ················· 201
　　一、三国群雄 ··············· 202
　　二、红楼一梦 ··············· 203

第三节　近代新声 ················· 206

结　语 ······················· 209

参考文献 ······················ 211

绪 论

传世文心

中华文明源远流长、灿烂辉煌。古典文学是中华文明的重要组成部分，是中华文明的结晶和载体。

文学随着人类的产生而产生，并随着历史和社会文明的发展而走向蓬勃和繁盛。刘勰云："文变染乎世情，兴废系乎时序。"文学受时代和世风的影响，反映了时代精神和气象，从而形成了"一代有一代之所胜"的局面。原始先民有了用简单的语言来表情达意的需要，就产生了原始歌谣，这是最早的诗歌。甲骨卜辞是巫祭文化的产物，既是最早的文字，也是最早的散文。童年时期的人类，以幻想的形式表达对社会人生和宇宙奥秘的探索，就产生了上古神话。周代的礼乐文明取代了夏商的巫祭文化，《诗经》是礼乐文明的产物。随着人们认识水平的提高，理性文化取代了原始蒙昧文化，人们不再寄希望

于神灵，而是积极关注历史、关注现实人生，从而出现了先秦历史散文和诸子散文的繁荣。楚国僻处南方，信巫鬼，重淫祀，迥异于中原文明的荆楚文化孕育出了神奇瑰丽的《楚辞》。汉代大一统盛世，恢宏磅礴，汉代大赋应运而生，包举宇宙，总揽人物，体现盛世雄风；《史记》探究天人，贯通古今，展现宏伟气魄。魏晋六朝，杀伐不断，动荡的乱世也成就了精神思想上的极度自由，玄学兴起，士人个性张扬，文学不再注重政治教化功用，转以抒情深挚见长。三曹的慷慨、嵇康的峻洁、阮籍的苦闷、陶潜的淡泊、灵运的狂傲、鲍照的豪迈，纷纷跃然纸上。唐代乃昂扬盛世，气象雄浑壮阔，文化上的兼容开放聚成了唐诗的光芒万丈。李白飘逸、杜甫沉郁、王维静寂、白居易晓畅、杜牧俊爽、李商隐清丽，群星璀璨，佳作琳琅，遂为诗国顶峰、一代绝响。宋代统治者重文抑武，文明达到鼎盛，文人地位极高、学养极富，诗文以深沉思致见长，宋词或缱绻婉媚，或清空豪放，与唐诗双峰并峙，各擅胜场。元明清市民文化兴起，元明戏曲、明清小说关注市井民生，反映世情百态。

　　文学是为社会、为人生之学。作者为文，或载道，或抒情，或言志。传世佳作中蕴含的思想情感、志向抱负，历代薪火相传，滋养着国人的心灵，浸润着民族的魂魄，体现并塑造着中华民族的人文精神。

古典文学中蕴含着浓郁的家国情怀。《载驰》有着挂念母国的焦灼,《无衣》有着同仇敌忾的激昂,《离骚》有着对国家命运的忧虑,《国殇》有着对阵亡将士的哀悼,均为人们千古传颂的名篇。汉武帝独尊儒术,拯世济民、治国平天下成为深受儒家思想影响的文人士子最强烈的使命和责任,他们将江山社稷、天下苍生时刻萦怀。汉代辞赋揭露政治的腐败,反映大众的疾苦,史传文学《史记》唱出"史家之绝唱"。杜甫感时伤乱、忧国思家,白居易"惟歌生民病",范仲淹"先天下之忧而忧",岳飞"八千里路云和月",陆游"王师北定中原日,家祭无忘告乃翁",辛弃疾"醉里挑灯看剑,梦回吹角连营",顾炎武"天下兴亡,匹夫有责",林则徐"苟利国家生死以,岂因祸福避趋之"。古典文学中寄托的政治社会理想、忧国忧民的情怀和勇于担当的使命感,激励了一代又一代的忠贞爱国志士。

古典文学中蕴含着亲情。家庭是社会的基本单位,修身齐家治国平天下,家庭和睦国家才会稳定。《凯风》赞美母爱,《蓼莪》悼念父母。孟郊《游子吟》感念母恩,蔡琰《悲愤诗》极言被迫与幼子离别的悲痛。诸葛亮《诫子书》教育儿子修身治学之道,充满殷切厚望。陶渊明的《责子》、李商隐的《娇儿诗》、苏轼的《洗儿》幽默地写出对孩子的怜爱的同时不忘表达对孩子未来的担忧。《常棣》歌颂兄弟亲情;

王维"遥知兄弟登高处,遍插茱萸少一人";苏轼《水调歌头·明月几时有》思念弟弟,"但愿人长久,千里共婵娟"。

古典文学中蕴含着爱情。夫妇是人伦之始,文学作品中有大量关于婚姻爱情的描写,"一日不见如三秋兮""似此星辰非昨夜,为谁风露立中宵"写相思的缠绵;"即见君子,云胡不喜""今宵剩把银釭照,犹恐相逢是梦中"是久别重逢的惊喜;"问世间,情是何物?直教生死相许"是对爱情的忠贞;《牡丹亭》"情不知所起,一往而深。生者可以死,死可以生"写情可以跨越生死;《红楼梦》中宝黛的爱情悲剧凄婉动人。

古典文学中蕴含着友情。王勃"海内存知己,天涯若比邻",胸襟豁达;高适"莫愁前路无知己,天下谁人不识君"气魄豪壮;王维"劝君更尽一杯酒,西出阳关无故人"依依不舍;黄庭坚"桃李春风一杯酒,江湖夜雨十年灯"思念友人;杜甫《赠李白》《梦李白》《春日忆李白》《天末怀李白》等诸多诗作更是表达了他与李白的深情厚谊。

重情往往和重义连在一起,重情重义是中华民族的优良传统。古人重义轻利,《论语》有"君子喻于义,小人喻于利",《孟子》有"不义而富且贵,于我如浮云",《史记·刺客列传》写士为知己者死,李白《侠客行》有"三杯吐然诺,五岳倒为轻",《水浒传》写梁山聚义,《三国演义》写桃园三结义,关云长义薄云天。

古典文学中蕴含着中华民族惜时爱生的思想情感。《诗经》中已有对生命的叩问，其中的《蜉蝣》写蜉蝣轻盈空灵，可惜却朝生暮死，如绚烂却一现的昙花，美丽至极，寿短如斯，个体的生命亦复须臾，撼人心魄。与《蜉蝣》的忧伤沉郁不同，《蟋蟀》充满了昂扬向上的情调，诗人由蟋蟀在堂感慨岁已至暮、逝水流年，劝勉大家不要虚度时光，要快乐，更要朝乾夕惕，恪尽职守，居安思危。《离骚》"日月忽其不淹兮，春与秋其代序"，写时不我待。《古诗十九首》中充满了"年命若朝露""生年不满百""所遇无故物，焉得不速老"的沉痛。《兰亭集序》有"修短随化，终期于尽"的叹息。曹操"老骥伏枥，志在千里。烈士暮年，壮心不已"，蕴英雄气概。张若虚《春江花月夜》"人生代代无穷已，江月年年只相似"，富乐观情调。李白《春夜宴从弟桃花园序》"开琼筵以坐花，飞羽觞而醉月"，襟怀洒脱；苏轼《赤壁赋》赏"江上之清风，与山间之明月"，磊落旷达。

古典文学中蕴含着积极进取的勇毅精神、无所畏惧的宏大气魄和坚韧不拔的顽强意志。《周易》"天行健，君子以自强不息；地势坤，君子以厚德载物"；《离骚》"亦余心之所善兮，虽九死其犹未悔"；韩愈"欲为圣明除弊事，肯将衰朽惜残年"；文天祥"人生自古谁无死，留取丹心照汗青"；王冕"不要人夸好颜色，只留清气满乾坤"；于谦"粉身碎骨浑不

中华文明
文学卷

怕，要留清白在人间"；郑燮"千磨万击还坚劲，任尔东西南北风"。司马迁为完成《史记》，幽于粪土之中而不辞，就极刑而无愠色；曹雪芹创作《红楼梦》"字字看来皆是血，十年辛苦不寻常"。这种勇敢坚韧无畏的精神气魄使我们伟大的民族战胜了无数的磨难和困厄，砥砺前行。

古代文人亦追求旷达洒脱的人生境界。面对人生的困境，陶渊明返归田园，谢灵运寄情于山水清晖，王维托心于佛理禅趣，苏轼面对风雨吟啸徐行。他们不胶着于无力改变的现实，懂得转圜，获得了与自身的和解。

古典文学还蕴含着中华民族对美的追求。文学在汉代被视为儒学的附庸、政治教化的工具；魏晋之后文学走向了自觉，开始重视自身的审美价值。传世佳作往往是内容和形式的和谐统一，仅有充实的内容，则易流于平庸滥俗，不能给人以美的震撼；仅有美的形式，则如木头美人，美则美矣，却缺乏灵魂，没有生机，自然不够可爱。文人灵心慧性，具有超乎寻常的发现美的眼睛，且妙笔生花，写出的作品往往给读者带来美的愉悦。如同是咏雪，谢朗"撒盐空中差可拟"与谢道韫"未若柳絮因风起"相比，足见才情和审美水平的差距。古人讲究炼字，杜甫"为人性僻耽佳句，语不惊人死不休"，追求用最恰当、贴切的语言表达内心的感受。诗词注重情景交融，追求意境，杏花烟雨、落日孤烟、清风朗月、杨柳炊烟、斜阳寒鸦、高楼危栏、暮鼓晨钟、烟波画船，都让我们感受到景物之美和文字背后的情感魅力。山水田园是古典诗歌中重要的主题，让我们感受到了自然和谐静谧之美，天地与我并生，万物与我为一。

文学的发展演变还体现了重视传承和创造的民族精神。《诗经》的现实主义精神被汉乐府、杜甫诗歌、白居易诗歌继承，《楚辞》的浪漫文风被李白、李贺延续，唐宋古文运动对先秦两汉散文极为推崇。传承中又富有变化，山水诗脱胎于玄言诗，词在唐代起源于民间，宋代文人词逐渐雅化。萧子显说"若无新变，不能代雄"，比起传承，创造使文学更富有鲜活的生命力。

鲁迅先生指出，文艺是"指引国民精神前进的灯火"。文学的精华烛照世人，传承的民族精神融注在国人的血脉中，影响了一代又一代人的价值取向和立身处世的选择。涵泳品读古典文学，我们会陶醉于它精炼的文辞、独特的意境，随着古人的喜怒哀乐去感悟宇宙人生，得到的是审美的愉悦、思想的濡染、情感的宣泄和境界的提升。文学是我们感受古代优秀文化、提升自我境界的最便捷的途径，是安顿心灵的精神家园，是灵魂逍遥徜徉的诗意栖居地。文学的价值正在于此。

第一章

浑融源头与先秦文学

中国古代文化与文学如百川汇聚的浩瀚江海，汨汨滔滔，源远流长。沿流溯源，先秦是古代文化和文学的浑融源头。先秦文学并非独立的纯粹意义上的文学，它与其他文化类型浑融交汇，和史学、哲学密不可分，和音乐、舞蹈融为一体。原始歌谣、上古神话、诗三百、诸子散文、历史散文、楚辞，如洪波巨浪，似汹涌汪洋。作为源头，先秦文学中体现出的热爱生命、坚韧不拔、重视德行、爱国爱民等思想影响了中华民族精神的形成和中国人人格的塑造。

先秦文化经历了由原始文化嬗变为理性文化的过程。文学作为文化的载体，也鲜明地体现出了这种嬗变的轨迹。夏商两代文化相近，以原始宗教巫术文化为主，事鬼敬神，文化的主要承担者是巫觋。在文字产生之前，文学通过口耳相传的方

式流传。原始歌谣和上古神话是口头传说时期的文学。商代中后期产生了最早的文字——甲骨文,才开始有了书面的记载。甲骨卜辞是商代巫祭文化的产物。在当时,祭祀、农事、田猎、战争等都要进行占卜。甲骨卜辞刻在龟甲兽骨之上,简单质朴,往往记录占卜的时间、事件、占卜之人、是否应验等内容,已粗略地具备了叙事文学的要素。铜器铭文产生于商周时期,刻在青铜器上,比起甲骨卜辞,有的铜器铭文篇幅稍长,叙事更具体。甲骨卜辞和铜器铭文成为古代散文的源头。

周代是礼乐文明的社会。西周初年,周公制礼作乐,强调尊尊亲亲、崇礼重德。"殷周间之大变革,自其表言之,不过一姓一家之兴亡都邑之移转。自其里言之,则旧制度废而新制度兴,旧文化废而新文化兴。"(王国维《观堂集林·殷周制度论》)周代的礼乐文化取代了夏商的原始巫祭文化。《论语·八佾》中,孔子盛赞周代的礼乐文明,"周监于二代,郁郁乎文哉"。礼乐文明后来成为中国传统文化的重要特征。《诗经》是周代礼乐文化的结晶,比兴风雅,具有关注现实的人文精神,蕴含着浓厚的爱国情、亲情、友情和爱情。

随着生产力的发展,人们认识水平逐渐提高,更加关注现实社会、关注人生,对鬼神的崇拜日渐减弱。神灵不能再给人们指引方向时,历史的意义就尤为重要。人们开始从历史中寻找经验教训,指导现实人生。春秋战国时期史官文化非常发达,出现了历史散文的兴盛。对历史的关注源于对现实的关注,是希望从历史中寻找经验教训,以资借鉴。孔子曾有感于春秋末世的混乱,删修鲁国的国史《春秋》,以警戒乱臣贼子。《春秋》表达了圣人对世事的褒贬、对人物的爱憎,微言大义、惩恶劝善。《左传》《国语》《战国策》代表着先秦历史散文的成就。

西周时期,文化为贵族所垄断,学在官府。春秋战国之际,周天子地位衰微,礼崩乐坏,贵族阶级衰落,士阶层崛起,民间出现聚众讲学之风,文化出现了下移。孔子在鲁国讲学,弟子三千,身通六艺者七十二人,形成儒家学派。墨子聚众讲学,形成墨家学派。统治者为富国强兵,争相礼贤下士;士人阶层议论时政,著书立说,游说时主人君。思想文化领域空前繁盛,出现了百家争鸣的局面。《七略·诸子略》中把诸子思想分为儒、道、阴阳、法、名、墨、纵横、杂、农、小说十家。诸子均充满强烈的社会责任感,体现出对人生的深切思索,富有浓郁的理性精神。其中,儒家是中国传统文化的主流,道家是儒家的有益补充,儒家和道家对后世影响最为深远。诸子的著作不仅是哲理著作,也是文学巨著。

战国时期的楚国保留了更多的原始文化的遗习,巫风盛行,荆楚文化孕育出的《楚辞》充满了神奇瑰丽的浪漫色彩,

屈原作品中的炽烈的爱国情感激励了后世一代又一代的爱国志士。

第一节 远古遗韵

原始歌谣和上古神话产生于人类的童年时期,是口头传说时期的文学,展现了远古先民的精神风貌和思想情感。其蕴含的对生命的热爱、对苦难的顽强应对、对未知世界的探索勇气,支撑着中华民族的发展壮大、绵延昌盛。

一、原始歌谣

原始歌谣是最早的文学。人类能够运用语言来表情达意后,就自然产生了原始歌谣。原始歌谣反映的是原始先民的生活,表达了他们朴素的思想情感和愿望。如《弹歌》将打猎的生活描述为"断竹,续竹,飞土,逐宍(宍,古肉字)";《候人歌》将涂山氏女对禹的思念描述为"候人兮猗"。原始歌谣中有一些咒语祭歌,虔诚热烈地表达着原始先民的信仰和期望,《山海经·大荒北经》中记载的咒语"神北行",传说是黄帝时为驱逐旱神——魃而作;《蜡辞》是伊耆氏在年终蜡祭时的祝祷辞,祈祷没有自然灾害危害农业生产,是巫祭文化的产物。

早期的诗歌并非独立的存在,往往和音乐、舞蹈密不可分。诗歌表达人内心的思想情感,语言不足以表达内心时,便手舞足蹈,借助音乐舞蹈以表情达意。《吕氏春秋·古乐》中描绘了葛天氏之乐,即三人持牛尾边舞边歌,歌颂祖先,歌颂部落图腾,渴望草木五谷繁盛,渴望万物顺遂。后世《诗经》、《楚辞》、乐府诗、宋词、元曲都能合乐歌唱,就是受到原始歌谣诗乐舞一体特征的影响。

二、上古神话

同原始歌谣一样,上古神话亦产生于文字产生以前,是传说时期的文学,历经口耳相传,只有很少部分被后世用文字记录下来。

上古神话产生的人类早期社会,原始社会生产力水平低下,人类认识水平有限。自然界的水旱灾害、人类社会的生老病死等现象让原始先民感到难以控制和理解。他们幻想着万物有灵,想象出了天帝、日神、月神、风伯、雨师等神灵形象。在不断的劳动和认识过程中,他们的思维能力不断增强,求生欲望越来越强烈,于是开始想象自己可以征服自然,神话由此产生。伴随着认识水平的提高,人类对各种自然现象和社会现象开始有了清醒的理性的认识,神话也就失去了赖以

产生的土壤。原始先民以具体形象化的思维模式创作了神话，试图以他们朴素的认知来解释自然界和人类社会，体现出对人类命运的深切关怀。

盘古开天辟地的神话解释了人类生活世界的产生。天地开辟之前混沌如鸡子，盘古开天辟地，阳清为天，阴浊为地。盘古还垂死化身，身体各部分变成了天地间的万物，他的气息化为风云，声音化为雷霆，左眼化为太阳，右眼化为月亮，四肢五体化为四极五岳，血液化为江河，为了人类生存的环境奉献了他的全部。

关于人类自身的产生，先民创造出女娲抟土造人的故事。传说天地开辟后，还没有人类，于是女娲抟黄土做人。女娲作为人类的始祖，在人类遇到灾难时竭力保护人类，恢复宇宙的秩序。往古之时，支撑天的四根柱子坏掉了，天不能完整地覆盖大地，大地不能承载万物，大火熊熊不熄，洪水浩荡泛滥，凶禽猛兽吃掉了善良的百姓。于是女娲炼五色石以补苍天，折断鳌足以支撑四极，杀掉了凶禽猛兽，治理好了水灾火灾，天下重归太平。

神话中有许多神化了的为人类造福的英雄，比如有教给人们筑巢为室的有巢氏，有教给人们钻木取火的燧人氏，有尝百草以身试药的神农氏，黄帝发明了舟车、弓箭、水井、音乐等，给人类生活带来便利和快乐。天空出现了十个太阳，人类

第一章 浑融源头与先秦文学

发生旱灾时后羿射日，勇敢地为民除害。洪水泛滥时鲧、禹父子相继治水，鲧窃息壤为民除害，触犯了天帝的权威，被天帝下令杀死，鲧牺牲了生命，未完成治水大业，死不瞑目，腹中生禹。禹一心治水，三过家门而不入，擒杀水怪，通轘辕时化身为熊，历经磨难，腓无胈，胫无毛，栉风沐雨，终于治水成功。鲧禹治水的神话体现的是人类对自然灾害的勇敢抗争、不懈努力。

上古神话体现了原始先民永不屈服的执着信念和抗争精神。比如夸父逐日的神话，夸父与日逐走，道渴而死，手杖化为桃林，惠泽后人。他的执着信念和奉献精神令后世敬仰。精卫填海的神话也是如此。精卫是炎帝的小女儿，游东海时被淹死，她心有不甘，其精魂化为精卫鸟，从西山衔来木石，誓要填平东海。这都体现出原始先民面对难以捉摸、难以支配和控制的强大的自然界时，渴望与自然斗争、征服自然的愿望。正是这种顽强不屈、坚韧不拔的精神，使人类逐渐走向强盛。

上古神话是我国古典文学光辉灿烂的第一页，其对人类命运的关怀和坚韧不拔的精神被后世作家继承，如屈原、蒲松龄等都在其作品中有所体现；其神奇瑰丽的想象被后世浪漫主义文学继承，如《庄子》、《楚辞》、李白的诗歌等都深受其影响；其生动的情节和丰富的形象成为后世小说的素材，魏晋的志怪、唐宋的传奇、元明清的小说戏曲都化用了很多神话中的

形象和情节。

第二节　礼乐风雅

周公治礼作乐，通过礼乐教化维护等级秩序和社会稳定和谐。礼乐文明在后世影响深远，孔子尊崇周公，一生以复周礼为己任，希望在礼崩乐坏的春秋乱世恢复礼乐文明。

《诗经》是西周初年到春秋中叶大约五百年间的诗歌总集，反映了周人的思想和情感，是礼乐文明的产物和范本。《诗经》在春秋时期极为辉煌，被广泛地应用到祭祀、朝聘、宴饮、外交等各种场合。孔子用《诗经》教化弟子，他对《诗经》多有赞颂，称其"思无邪""兴观群怨""乐而不淫，哀而不伤"，后儒解诗亦多看重《诗经》的教化功用。《诗经》在中华礼乐文明的传承中具有重要的作用。

周礼是维护周代社会稳定的典章制度和协调人际关系的原则规范的总和，在具体形式上有吉礼、凶礼、宾礼、军礼、嘉礼五类，涉及祭祀、丧葬、朝聘、会盟、征伐、饮食、婚冠、宾射、飨燕、贺庆等社会生活的方方面面。《诗经》中有祭祖颂歌、宴飨诗、战争诗、婚恋诗等，体现了周代的礼乐文明之盛。乐是配合礼仪而作的舞乐，乐从属于礼，礼是乐的内容，乐是礼的表现形式。乐增强了礼的审美属性。《诗经》的风雅颂即按照音乐形式来划分,《诗经》四言,朗朗上口,重章叠句,一唱三叹,富有韵律之美。礼乐教化的目的是个体恭敬谦让、温和守礼,社会井然有序,国家安定和谐。《诗经》中的理想人物是温文尔雅的谦和君子,如《淇奥》,在淇水岸边的青幽竹林里,有斐君子,对学问切磋琢磨,精益求精,人品如金锡般贵重,性情如圭璧般温润,既庄重威严,又温和风趣,庄重宽宏,雅人深致。谦谦君子,温润如玉,是中华民族追求的理想人格。

一、孝悌亲情

周代是以血缘关系为纽带的宗法社会,周礼是为维护尊尊亲亲的宗法制度所设立的典章制度、礼仪规范。尊尊亲亲是周礼的重要特征。尊尊是指维护君臣等级,稳定统治;亲亲是指强调血缘纽带,巩固家族利益。周人重视祭祀,《诗经》中有许多祭祖颂歌,《生民》《公刘》《绵》《皇矣》《大明》五首诗歌,写出了周部族发展壮大的历程。《诗经》中还有许多描写君臣亲朋欢宴的燕飨诗,《湛露》写天子宴会诸侯;《鹿鸣》写天子宴会群臣;《常棣》借宴饮写兄弟之情的深笃;《伐木》写宴友朋故旧。这些燕飨诗都体现出了祥和有序的周代礼乐文明。

中华文明
文学卷

周文化讲究慎终追远，重视孝道。《凯风》是赞美母爱的名作，母爱如和风，幼子如酸枣树的嫩苗，在母亲辛劳的抚育下幼子茁壮成长，遗憾的是正如酸枣树长大后不能成栋梁只能当薪柴一样，孩子长大了却不成器，不能够抚慰和报答母亲，自感羞愧。《陟岵》写行役的游子思念父母兄长，登上高山向故乡眺望，悲歌当泣，远望当归，不直接抒发自己强烈的思念父母兄长的痛苦，而是体贴入微地悬想父母兄长在盼望自己早日归来。《蓼莪》是悼念父母的名作，莪俗称抱娘蒿，诗人心心念念、所思所想皆不离其亡父亡母，所以错把普通的蒿和蔚当成了莪，表达了不能承欢父母膝下的痛苦。孺慕之情会延伸到对舅父的亲近之情。《渭阳》一诗写的是对舅父的深情，当时尚为太子的秦康公把对母亲的思念转移到舅父重耳身上，送重耳返晋国，远至渭水之阳。渭阳之情也成了外甥对舅父情谊的代名词。

二、婚姻爱情

周礼对婚姻非常重视，认为婚姻是礼仪之本，夫妇是人伦之始。在家国同构的社会里，夫妇、父子、群臣关系类等，井然有序，社会才会稳定。《易传·序卦》云："有天地，然后有万物；有万物，然后有男女；有男女，然后有夫妇；有夫妇，然后有父子；有父子，然后有君臣；有君臣，然后有上下；有上下，然后礼义有所措。"婚姻爱情诗在《诗经·国风》中占了最大的比重。第一篇《关雎》就是爱情诗，君子追求窈窕淑女，求之不得，辗转难眠，幻想着结成婚姻之好，琴瑟和鸣。

婚礼因黄昏时分举行仪式而得名，《仪礼·士昏礼》："士娶妻之礼，以昏为期，因而名焉。必以昏者，阳往而阴来，日入三商为昏。"《绸缪》写新郎在婚礼结束、夜阑人静之时初见新娘的满心欢喜，慨叹见此良人何其有幸，产生了恍如幻境、不知今夕何夕之感。《诗经》中有很多以薪柴意象起兴写到婚姻之作，《绸缪》用绸缪束薪比喻夫妻恩爱缠绵，《汉广》由刈薪联想到心爱的女子出嫁；《东山》由栗薪想到三年未见的妻子；《南山》以斧析薪比喻娶妻要有媒妁之言。

周礼中，婚姻需有父母之命、媒妁之言。但《周礼·地官·媒氏》亦记载，"中春之月，令会男女。于是时也，奔者不禁"，所以《诗经》中有很多自由追求爱情的诗歌。比如《溱洧》，写春水涣涣，游人如织，女子主动邀请爱慕的男子一起游赏，并互赠芍药（邀约）信物的故事。《野有蔓草》写明媚的春日清晨，青青碧草挂着晶莹剔透的露珠，男子邂逅一位宛如清扬的美丽少女，心满意足。《摽有梅》写一个女子看到坠落的梅子，联想到流光容易把人抛，表达了对爱情的渴望。《出其东门》写出了对爱情弱水三千，只取一瓢饮的忠

贞。《子衿》"一日不见,如三月兮",写出了见不到意中人的时光难挨。《终风》中女子盼着自己打喷嚏,以此来证明对方想着自己,写出她卑微到尘埃里的爱情。《击鼓》中"执子之手,与子偕老"是感动千载的爱情誓言。《女曰鸡鸣》在夫妻晨起的家常絮语中,写出了琴瑟在御、莫不静好的伉俪情深。《绿衣》写丈夫悼念亡妻,看到亡妻曾亲手为他缝制的衣服,睹物思人,触景伤情。《葛生》写妻子悼念亡夫,空寂墓地荒荆野棘丛生,妻子担忧亡夫在墓中无人做伴,感到夏日冬夜,余生漫长,盼着自己早日死去,与亡夫黄泉为伴,其情之痴令人感佩。

婚姻的一个重要的目的是繁衍子孙。《思齐》赞美文王妻子太姒多生男儿;《螽斯》祝福子孙众多,家族兴旺绵长;《麟之趾》赞美诚实仁厚的公族子孙如麒麟般美好;《椒聊》以花椒果实累累、蕃衍盈升祝福女子多子;《桃夭》赞美新娘娇艳的容颜如灼灼桃花,称赞她宜室宜家,祝福她早生贵子,开枝散叶。

三、家国情怀

周人对于家国的热爱是非常炽烈的,《诗经》中有许多家国情怀的抒发,这些抒发多是与战乱流离有关。《诗经》对战争的态度是复杂的,有对保家卫国的正义战争的歌颂,如《无衣》表达了同仇敌忾、共御外侮的慷慨豪情,也有对残酷战争造成背井离乡、亲人离散现状的怨恨。

《诗经》中有征夫思乡,亦有思妇念远。《采薇》是后世边塞诗的鼻祖,后世往往把对战争的感慨称之为采薇之思。它从征夫的视角,抒写了对频繁征战的不满和对家人无尽的思念,靡室靡家,不遑启居,心存怨怼。战争终于结束,返乡途中,抚今追昔,春光明媚,杨柳依依,以乐景写哀,反衬出了征夫离乡时的深哀剧痛及生离死别的惨状。《诗经》中写思妇念远往往用黄昏的景物去渲染刻骨铭心的相思之苦。《君子于役》中,思妇在庭院中劳作,目之所及,鸡栖于埘,日色已昏,往远处眺望,羊牛成群,正从山上下来。自然界的各归其所反衬出君子的不归,归来无望,徒唤奈何;退而求其次,希望君子能无饥渴,牵挂惦念,无限惆怅。后世诗词往往用黄昏景物抒发相思离别之情,即受《君子于役》的影响。《伯兮》亦是思妇念远之诗,与《君子于役》朴素直白的浩叹不同,《伯兮》中的思妇柔肠百转,描绘自己首如飞蓬的丑陋形象,出人意料,又在情理之中,正是后世女为悦己者容之意;用焉得谖草说明自己的忧思之深,感情委婉细腻,深挚缠绵,荡气回肠。

许穆夫人的《载驰》体现出了她的深挚爱国情怀和远见卓识。春秋时期,卫懿公昏庸无道,沉迷于养鹤,玩物丧志,

中华文明
文学卷

令臣民寒心,卫国被狄人打败。许穆夫人得知母国倾覆,急欲归国,途中被许国大夫阻挠,忧心如焚,许穆夫人并没有一味地沉溺于忧伤,她富有胆识和谋略,为复卫国,决计求救于大邦齐国。《河广》是滞留卫国的宋人无法回到故国的思念家国之作。他站在黄河岸边,眺望故国的视线被茫茫河水阻隔,但他强自宽慰,说滚滚滔滔的黄河水一苇可航,邈远的宋国踮起脚尖就可以望到,用夸张和对比的手法,写出了故国宋国距离栖身之地——卫国空间距离的遥远和心理距离的亲近。虽有强烈的忧伤,但故意用轻松的口吻,委婉压抑,含蓄节制,令人动容。《黍离》写出了亡国之痛,出使行役的故国大夫看到当年的繁华灰飞烟灭,楼台殿阁化为离离黍稷,脚步踉跄,悲愤难抑,仰天长叹,荡气回肠。"黍离之悲"也成了亡国之痛的代名词。

《诗经》蕴含着最纯真、最浓郁的情感和思想,开创了古典诗歌的抒情传统。它多用比兴手法,借景抒情,情景交融,富有意境。《风雨》写出了风雨交加、群鸡乱鸣的深夜,对意中人的苦苦思念和终于见到意中人的喜悦。受此影响,后世多用凄风苦雨的夜晚烘托孤寂落寞,李商隐"君问归期未有期,巴山夜雨涨秋池",黄庭坚"桃李春风一杯酒,江湖夜雨十年灯",贺铸"试问闲愁都几许?一川烟草,满城风絮。梅

明　沈周　京江送别图

子黄时雨"。风雨如晦，愁肠百结，越是自然环境恶劣的时候，越是内心孤独脆弱的时候，越是渴望亲情爱情或者友情的慰藉。王子猷雪夜访戴，因大雪弥漫天地，四望皎然，倍感寂寥；白居易邀约刘十九"晚来天欲雪，能饮一杯无"，因阴霾密布，心情压抑。孙星衍"最难风雨故人来"可谓一语中的。《诗经》中多用流水来比喻意中人的可望而不可即，可求而不可得，比喻绵绵无尽的相思之苦。《蒹葭》《汉广》皆用具体可感的流水比喻抽象的思念和忧伤，形象生动。受此影响，徐干说"思君如流水，何有穷已时"，温庭筠写"斜晖脉脉水悠悠，肠断白蘋州"，后世的这类写法不胜枚举。《月出》开创了月下怀人的先河，后来谢庄"美人迈兮音尘阙，隔千里兮共明月"，张九龄"海上生明月，天涯共此时"，苏轼"但愿人

长久,千里共婵娟"皆本源于此。古代交通阻隔,音讯难传,离别的痛苦远甚今人,《燕燕》被王士禛的《带经堂诗话》称为"万古送别之祖",它用颉颃燕燕成双成对,反衬出卫君与妹妹分离的忧伤,后世伤别相思之作也多用燕子的意象,如"思为双飞燕,衔泥巢君屋""暗牖悬蛛网,空梁落燕泥""落花人独立,微雨燕双飞"。

《诗经》关注现实的风雅精神、美刺传统也对后世影响深远。汉乐府对其加以继承,感于哀乐、缘事而发。李白忧伤"大雅久不作,吾衰竟谁陈",杜甫"别裁伪体亲风雅,转益多师是汝师",元白的新乐府诗等都体现出受其影响的痕迹。

第三节 诸子散文

《礼记·表记》论三代文化,"夏道尊命","殷人尊神","周人尊礼尚施,事鬼敬神而远之"。夏商以来,巫术宗教色彩减弱,周代崇礼重德,更关注历史,关注现实的社会人生,富有理性精神。德国存在主义哲学家卡尔·西奥多·雅斯贝尔斯在《历史的起源与目标》中提出了"轴心时代"的理论,他说,公元前800年到公元前200年之间,"充满了不平常的事件。在中国诞生了孔子和老子。中国哲学的各种学派兴起,

这是墨子、庄子以及无数其他人的时代"。轴心时代,出现了人类文明史上的诸多伟大人物,他们都有对社会人生的终极关怀和理性思索,并深深地影响了后世。中国当时属春秋战国时期,文化思想空前活跃,出现了儒家、道家、墨家、法家、阴阳家、名家等诸子百家。各学派密切关注现实,思考社会人生,探索治国之道。为了宣扬自己的主张,他们纷纷著书立说,于是出现了诸子散文的繁荣。

先秦的散文并非后世意义上的纯粹的散文,往往是历史或哲学著作,在富有文学价值的同时体现着对历史或社会人生的思考。诸子散文中,对后世影响最大的是儒道两家,儒家积极救世,道家则主张遗世逍遥,影响了后世文人立身处世的选择。

一、救世热忱

先秦儒家以孔孟为代表,充满救世的热忱,有一种拯民于水火的热情和舍我其谁的责任感。

孔子与《论语》

《论语》是孔子及其弟子收集的孔子言行录。孔子在中华文明史上具有承前启后的地位,他是夏商周三代文化的总结者,集三代文化之大成,更影响了之后数千年的中国文化的走向。孔子所创立的儒家文化是中华传统文化的主流和精髓,影

明 佚名 孔子燕居像

响着社会发展和民族精神,铸造着国人的性格和灵魂。中国人的价值取向、思想情感和思维方式,无不打着儒家文化的烙印。

孔子是殷商后裔,身上传承着家族的谦恭守礼的基因。先祖弗父何为宋湣公嫡长子,把宋国国君之位让给了弟弟宋厉公;先祖正考父,生活简朴,每有任命就更加谨慎谦恭。孔子出生在鲁国,又受到鲁国根深蒂固的礼仪文化的濡染。平王东迁,周室陵夷,西周的典章文物丧失殆尽,鲁国作为周公的封国,在三代文化行将衰微之际,成为保存西周礼乐文化最为完备的国家。季札到鲁国观乐,对鲁国保存的宗周礼乐文明充满敬仰;晋国的韩宣子到鲁国聘问,感慨周礼尽在鲁;《左传》所载赋诗言志以鲁人最多,亦体现了鲁人的礼乐文明之盛。

春秋乱世更迭,"溥天之下,莫非王土"的一统局面终结,周室日渐卑弱,礼乐文化赖以依存的社会环境发生了变化,礼坏乐崩,违礼僭越之举愈演愈烈。孔子对此痛心疾首,他积极救世,一生以恢复西周礼乐文明为己任,被誉为天纵之圣、天之木铎。为了弘扬礼乐文明,孔子曾经周游列国,积极

推行自己的政治主张，但列国纷纷争夺霸业，孔子的礼乐治国思想并不能被接纳。卫国的孔文子要攻打大叔疾，访于孔子。孔子对卫国的执政者不能以礼乐治国非常失望，准备离开卫国，感慨"鸟则择木，木岂能择鸟"。择木之鸟正是周游列国积极求仕的孔子的写照。即便到了暮年，孔子仍然密切地关注现实，渴望救世。齐国的陈恒弑君。71岁的孔子斋戒三日，多次请求鲁哀公去攻打齐国。哀公推脱，孔子坚决要求哀公出兵，可是哀公并没有实权，让孔子去征询季康子的意见，孔子明白季康子在鲁国的地位跟陈恒在齐国的地位相当，自然不会征伐陈恒，所以只好失望而归。叔孙氏的驾车人子鉏商打猎时猎获一只麒麟，认为不吉利，赏赐给虞人。麒麟本是祥瑞，却出非其时，孔子心中充满了忧伤和无奈。孔子有强烈的用世之志，却生不逢时，乱世被俘获的麒麟是孔子不为世用的象征。

《论语》记录了孔子对社会人生的感悟，思想深邃而又切近现实。它体现了孔子的伦理道德思想、处世原则、治国理念、教育思想等，其中最重要的是仁的思想。仁是道德规范，是修身的境界，孝悌是仁德的根本，仁者要关爱他人，要能推己及人，要己所不欲勿施于人，要忠诚、宽容、正直、守信，要博学笃志，等等。修身的目标是达到君子境界，君子有仁爱、守礼、文雅、勇敢、富有智慧等品质，德行的最高境界是中庸。孔子主张为政以德、治国以礼，对周代礼乐文化极力

传承和弘扬，受孔子影响，礼乐文化成为中国传统文化的重要特征。孔子作为万世师表，其因材施教、启发式教学、有教无类的平等教育思想一直影响至今。以《论语》为代表的儒家思想对中国文化的影响是巨大而深远的。

《论语》作为语录体散文，精炼隽永，言约意丰，蕴含着深刻的哲理，闪耀着理性的光辉。"岁寒，然后知松柏之后凋也""人无远虑，必有近忧""三军可夺帅也，匹夫不可夺志也"，句句精炼深刻。《论语》中的孔子个性鲜活、血肉丰满。夫子一生是不惑、不忧、不惧的智者、仁者、勇者。他勤学善思、谦虚好问、发愤忘食、乐以忘忧，不知老之将至；他安贫乐道、固穷守志，视不义的富贵如浮云，在齐国听到了歌颂虞舜的韶乐便沉迷其中，三月不知肉味；他睿智博学，通达礼乐文化，谦和又有威仪，引来三千弟子的倾心追慕。孔子是平和宽厚、可亲可敬的师长，对待弟子有教无类、因材施教、循循善诱、诲人不倦，他鼓励弟子各自谈谈自己的志向，对于子路轻率鲁莽又狂妄的回答，夫子哂之；对于谦逊恭谨的公西华和冉有，他热情鼓励；他赞同淡泊洒脱的曾皙，因为曾皙描绘的暮春游赏的极富诗情画意的图景，正是孔子追求的太平盛世的缩影，是儒家与民同乐的仁爱情怀的体现。他并不高高在上，盛气凌人，有时也会跟弟子开玩笑，弟子子游为武城县宰，夫子到武城后听闻当地弦歌之声，嘲笑子游小题大做，割鸡用牛刀，意思是说小小武城哪里用得到周公礼乐教化，子游辩解后，孔子真诚地道歉。宰予怠惰昼寝，荒废学业，孔子疾言厉色地批评他，说他朽木不可雕，粪土之墙不可圬。颜渊是孔子最得意的弟子，孔子赞美颜回贤德，箪食瓢饮，居于陋巷，怡然自乐。孔子对颜回寄予厚望，视为自己学说的继承人。颜渊早逝后，孔子痛心疾首。

孔子最令人敬仰之处在于他毕生怀抱着救世的热忱，面对危难时充满自信、志向坚定。虽然他也曾叹息过如果理想不能实现，将乘桴浮于海，但这只不过是失望至极偶尔发发牢骚。子贡曾问孔子，是把美玉藏在匣子里，还是找一个识货的商人卖掉？孔子幽默地说要卖掉，自己正在等着识货的人，这正是他积极入世，渴望得遇明主的情怀抱负的表达。他周游列国途中经过匡邑时，被匡人误认为阳虎，遭到围困。孔子毫不畏惧。宋国司马桓魋想要杀死孔子，弟子劝他快走，孔子坦然面对。在陈绝粮，无法前行，随从弟子都饿病了，不能站起来，孔子却讲诵弦歌不衰。他泰然自若地面对各种磨难和挫折，皆源于内心有强烈的救世的热忱，和作为周代礼乐文化传承者的自信。

《孟子》

继孔子之后，孟子是儒家学派的又一重要人物，被称为亚圣。孟孙氏是鲁国的三桓之一，孟子是孟孙氏的后裔。孟母三

迁择邻、断织喻学的故事家喻户晓。孟子对孔子无限敬仰，赞叹孔子出类拔萃，认为自有生民以来，没有人能超过孔子。他跟从孔子之孙子思的弟子学习，自称为孔子的私淑弟子。孟子生活的战国时期，秦国任用商鞅，富国强兵；楚魏用吴起，战胜弱敌；齐国用孙膑、田忌，使诸侯东面朝齐。天下务于合纵连横，互相攻伐。孟子曾游说齐宣王、梁惠王，但都不被接受，所以晚年回到故乡，专心著书讲学。

《孟子》是儒家思想的又一重要经典，朱熹将它与《论语》《大学》《中庸》合称四书。孟子继承并发展了孔子仁的思想，提出了仁政思想。民本思想和性善论是仁政思想的基础。

孟子有强烈的民本思想。孟子提出了"民为贵，社稷次之，君为轻"的观点，他认为得到民心才能做天子，国君如果危害到国家，就可以改换国君："得乎丘民而为天子，得乎天子而为诸侯，得乎诸侯而为大夫，诸侯危，则变置。"这种观点在封建时代振聋发聩、惊世骇俗。他认为君王和臣民地位是平等的，国君如果把臣民视如手足，臣民就会把国君视为腹心；国君如果把臣民视为土芥，臣民就会把国君视为寇仇："君之视臣如手足，则臣视君如腹心，君之视臣如犬马，则臣视君如国人，君之视臣如土芥，则臣视君如寇仇。"君王对臣民赤诚相待，臣民对君王才会竭忠尽智。在齐宣王询问他商汤王流放夏桀、周武王讨伐商纣王，是否确有其事，臣子怎么能弑君的时候，孟子回答说："残贼之人，谓之一夫，闻诛一夫纣矣，未闻弑君也。"

孟子提出性善论。他认为人人天生就有恻隐之心、羞恶之心、恭敬之心、是非之心，这四心就是仁义礼智的四端，恻隐之心是仁之端，羞恶之心是义之端，恭敬之心是礼之端，是非之心是智之端。仁义礼智非由外获得，而是人人所固有的。孟子举例说，恻隐之心即不忍人之心，对别人的同情怜悯之心，是天生就有的。如果突然见到小孩子要掉到水井里，人人刹那间本能的反应都会产生怜悯之情，这并非要结交孩子的父母，或者在乡党朋友中博取美名，也并非厌恶孩子的哭声，这种怜悯之情就是不忍人之心。君王有不忍人之心，就可以体恤关爱百姓，推行不忍人之政，也即仁政。治理天下就如运之掌上了。孟子主张的仁政就是君王要关爱体恤百姓，先要治民之产，让百姓拥有固定的产业，上能侍奉父母，下能照顾妻儿，吃饱穿暖，安居乐业，然后用礼乐教化百姓，使百姓懂孝悌、明廉耻，天下即可大治。

《孟子》一书气势磅礴，痛快淋漓，显示出孟子积极救世的形象。他追求独立的人格和高度的自尊，傲岸刚直，正气浩然。这种浩然正气至大至刚，充盈于天地之间。拥有浩然之气，自然会显示出"富贵不能淫，贫贱不能移，威武不能屈"的大丈夫气概。跟孔子的宽厚温和的形象不同，孟子激情澎湃、热血沸腾,充满了"如欲平治天下,当今之世,舍我其谁也"的豪情。他指点江山、激扬文字,充满了勇于担当的使命感。

二、逍遥自然

同处乱世,与儒家的积极救世截然相反,道家主张顺应自然,回归内心,获得精神的逍遥自适。

《道德经》

老子是道家学派的始祖,姓李,名耳,字聃,曾担任过周守藏室之史。孔子曾向老子请教过礼,老子说"君子得其时则驾,不得其时则蓬累而行",深藏若虚,盛德若愚。可以看出老子隐遁避世、清静无为的思想,与孔子的积极进取是大相径庭的。孔子感慨说,老子就像神龙,乘风云上天的神龙,高深莫测。《道德经》五千言,八十一章,用精粹诗化的语言,阐述了老子对宇宙社会人生的玄妙哲思。

明 张路 老子骑牛图

在《道德经》中,老子认为道生成天地万物,是世界的本原，也是万事万物的规律，道法自然。老子还强调守虚贵柔、处下不争的人生哲学，政治上主张无为而治，小国寡民。他认为世间万物都是辩证存在的。

《庄子》

庄子，名周，曾做过漆园吏，是继老子之后道家的又一重要人物，与老子合称老庄。《庄子》十余万言，分为内篇、外篇和杂篇，汪洋恣肆，是先秦诸子散文中最富文学意味的作品，意出尘外、怪生笔端，充满了超乎寻常的神奇想象，擅长用生动形象的寓言故事、行云流水式的诗化的语言来阐明哲理。

《庄子》一书，寓言占了很大的比重。通过《庄子》中的寓言故事，我们可以清晰地感受到庄子遗世逍遥的形象，感受到庄子对社会人生的冷峻豁达的态度。

庄子对于他所生活的杀伐不断、人命危浅的战国乱世深为失望。人生于世犹如游于羿之彀中，很难幸免，殊死者、桁杨者、刑戮者触目皆是。伴君如伴虎，直言敢谏如螳臂当车。蜗角之争是《庄子》中著名的寓言，说在蜗牛左触角上的国家触氏和蜗牛右触角上的国家蛮氏，为了争夺蜗牛角那么微小的地盘，发动战争，战死者的尸体就有几万，追逐败兵尚且需要十五天才能返回。庄子用这个夸张的寓言故事，尖锐地讽刺了现实中诸侯之间的穷兵黩武是多么荒唐可笑。

中华文明
文学卷

庄子看到战国乱世,儒家的仁义礼智被利用,很多窃国大盗打着仁义礼智的幌子做着欺世盗名的勾当,所以他反对儒家的仁义礼智。在《胠箧》中,他说人们为了防备小偷,会把物品珍藏到箱子里,捆上绳加上锁,但这种做法只能对付普通的小偷,大盗会直接背起柜子、扛起箱子、担起口袋逃走,并担心绳子和锁不够结实牢固,所以先前防备小偷的自以为聪明的办法,反而是为大盗做了准备。世俗中的所谓智者和圣人,即是为大盗积聚和守卫财物之人。他讲述了一个有趣的盗亦有道的寓言故事:盗跖的徒弟请教盗跖,做强盗是否也有需要遵循的原则。盗跖说,任何地方都有需要遵循的规矩。对于强盗来说,能凭空猜测出屋里储藏的财物,是圣明;一起去偷盗的时候敢于冲在前面,是勇敢;偷完逃走的时候为大家断后,是义气;能预判偷盗行为是否可行,是智慧;分配财物的时候一视同仁非常公平,是仁爱。必须具备以上五种品德,才成为大盗。庄子一针见血地抨击道:"窃钩者诛,窃国者为诸侯,诸侯之门而仁义存焉。"

出于对现实的无奈,庄子有了对生命的终极思索,他勘破了生死。《庄子》中也用形象的寓言故事来说明他委运任化、坦然面对生死的态度。《齐物论》中有著名的庄周梦蝶的寓言,在庄子眼中,人和蝴蝶并无分别,生与死亦无分别,齐万物,一死生。浮生若梦,为寿几何,人生天地之间,如白驹过隙，忽然而已，活着是辛劳的，死后才能安息。"其生若浮，其死若休。"所以生又何欢，死亦何惧？

庄子在妻子死后，箕踞鼓盆而歌。惠子批评他说，妻子陪伴他生活这么多年，为他生儿育女，妻子去世他不哭泣也就罢了，怎么能够敲着瓦盆唱歌呢？实在太过分了！庄子解释说，在妻子刚去世时他也很伤心，但是思考后明白生老病死都是自然的规律，所以通达天命，不再哭泣。人的生死跟春夏秋冬四季运行没有什么差别。人原本就没有生命，没有形体，没有气息。自然赋予人气息、形体和生命，之后又回到死亡，安然地寝卧于天地之间，托体同山阿。庄子自己将要去世时，弟子们想要隆重地厚葬他。庄子旷达地说，他以天地为棺椁，以日月为连璧，以星辰为珠玑，以万物为赍送，已经非常完备和隆重了。弟子们于心不忍，担心庄子的遗体会被乌鸦和老鹰啄食，庄子嘲笑弟子的偏心，认为把他扔在地面上就会被乌鸢吃掉，埋在地下则会成为蝼蚁的食物，不必夺彼与此。

庄子此言泯灭了生死的界限，并非仅仅是剥离现实的形而上的哲理思辨，也浸染着他对战国乱世的深深痛惜。《至乐》中虚构了庄子和骷髅的一段故事。庄子路遇骷髅，询问骷髅因何而死，有种种猜测。半夜时分，骷髅来到庄子梦中，说庄子所描述的都是活人的痛苦，死后就没有上述的忧患。骷髅说，死后无君于上，无臣于下，悠闲自在，即便是南面称王，也不

中华文明
文学卷

如死后快乐。庄子不信,说可以让他死而复生,骷髅深矉蹙额,不愿放弃死后的快乐,再遭受人间的劳苦。这个寓言故事以死后的自由宁静来反衬乱世人生的辛劳,充满了深深的无奈和忧伤。

生命是向死而生的过程,直面死亡,是为了更好地在乱世度过余生。庄子讲无用之用,山木自寇,膏火自煎,桂因为可食所以被砍伐,漆因为有用所以被割取。有用会招来祸患,无用得以全生。匠石所见的栎社、南伯子綦所见的商丘大木,皆因不成材才不被砍伐;人亦如是,支离疏形体残缺得以终享天年。但无用并非全无祸患、绝对安全,庄子说,他去朋友家中,朋友要杀鹅款待他,童仆问,家里的两只鹅一只能叫,一只不能叫,需要杀哪只?主人说要杀那只不能叫的鹅。所以庄子说要处于材与不材之间,浮游于天地之间,役使外物,却不被外物所役使;顺任万物,优游自得。

生逢乱世,庄子并不看重世俗的名利尊位、荣华富贵,庄子家贫时,曾经向监河侯借粮,监河侯敷衍他,庄子用涸辙之鲋的寓言来表达他的愤怒。泽雉十步一啄,百步一饮,不蕲畜乎樊中。比起物质上的享受,庄子更注重精神上的自由,所以他不愿意出仕。《庄子》中用惠子相梁的故事来说明他蔑弃荣利:惠子担心庄子取代自己的相位,庄子轻蔑地说,鹓鶵"非梧桐不止,非练实不食,非醴泉不饮"。鸱得到腐鼠,担心鹓鹞会抢夺自己的腐鼠，对鹓鶵发出恐吓，是多么荒唐可笑。庄子以高洁的鹓鶵自喻，把尊贵的相位视为腐烂的死老鼠。虽然此寓言中惠子作为被嘲讽的对象，但其实惠子和庄子有深厚的友情，两人在濠梁之上关于鱼乐的辩论脍炙人口。庄子把惠子引为知己，在惠子去世后，庄子还讲了运斤成风的寓言来说明他和惠子的深厚情谊。

关于庄子蔑弃功名利禄，《庄子》中还有曳尾涂中的寓言故事。楚王派使者带着厚重的礼物邀请庄子去楚国做官，庄子正悠然地在濮水垂钓，他头也不回，对使者说，听闻楚国有一只死去的神龟，楚王把它用锦绣包裹、用竹箱珍藏供奉于庙堂，这只神龟是愿意死去，骸骨被尊贵地供奉，还是宁愿自由自在地曳尾于涂中呢？使者说，自然是愿意曳尾于涂中。庄子让使者回去，自己宁愿像神龟一样曳尾于涂中，也不愿被治理国家的事情羁绊。

乱世现实中有种种的身不由己、无可奈何，死生、存亡、穷达、贫富、贤与不肖、毁誉、饥渴、寒暑，与其痛苦强求，未若安然顺应，保持心境的平和宁静。安时处顺，哀乐不能入，知其无可奈何而安之若命。庄子讲顺应自然，他讲了日凿一窍的故事：南海的帝王名为儵，北海的帝王名为忽，中央的帝王名为混沌。儵和忽常常到混沌那里去做客，混沌都热情款待他们，他们非常感动，就想报答混沌。他们自以为是地认

中华文明
文学卷

为，人人皆有五官七窍来视听食息，可是混沌却没有。所以他们自作聪明地要为混沌凿出七窍。结果出人意料，七天后七窍凿好了，混沌却死去了。

乱世有种种的拘束限制，身体不得自由，所以庄子追求精神的逍遥自适。《逍遥游》是《庄子》一书的核心，它欲抑先扬，抽丝剥茧，层层深入，雄奇怪诞，汪洋恣肆，别有洞天，让人读后豁然开朗。先塑造了大鹏鸟高飞远举的形象，令人震撼和神往；但大鹏之志是儒家或世俗之人的追求，庄子追求的是更高远的心灵之境。比之翱翔蓬蒿的斥鷃，大鹏虽有进益，但仍需培风；"举世誉之而不加劝，举世非之而不加沮"的宋荣子，仍然还有内外之分，在意荣辱之境；泠然善也的列子尚要御风。庄子追求的是遗弃了功名利禄、超脱了凡俗的庸碌苦痛，甚至泯灭了物我的界限，达到无己、无功、无名之境。"乘天地之正，而御六气之辩，以游无穷"，"天地与我并生，而万物与我为一"是何等阔达的胸襟和豪迈的气魄！

至于达到无己逍遥的境界的途径，庄子提出撄宁、心斋、坐忘。撄宁就是摆脱外界的纷扰，得到心灵的宁静。心斋指心境空明虚寂，虚室生白。坐忘指脱离躯体与智慧，与大道相通为一，静坐心空物我两忘。庄子亦用寓言来说明心境虚空的境界。比如象罔得玄珠的故事：黄帝在赤水之北游玩，登昆仑之丘向南眺望，归来后发现遗失了玄珠。黄帝让知去找寻但没能找到，后又派离朱、吃诟去寻找也都未能找到。最后让象罔去寻找，象罔找到了玄珠。这个故事中，玄珠喻指大道，只有无智、无视、无闻的象罔才能找到，寓意无心才能达道。

同样是源于对社会人生的思考，儒道两家的价值取向和处事态度却大相径庭，儒家积极进取，道家逍遥避世。儒家的救世热忱激励着一代又一代的有志之士，他们修身齐家治国平天下，心怀天下，奋发有为，先天下之忧而忧，苟利国家生死以。道家尤其是庄子描绘的逍遥境界则是乱世或遭遇坎坷之人安顿他们痛苦灵魂的精神家园，后世身处乱世或者仕途偃蹇、命途多舛的文人往往到庄子那里寻求精神的慰藉。陶渊明、李白、苏轼等人的诗文中都有许多庄子影响的痕迹。苏轼读《庄子》后，心有戚戚，喟然叹息，佩服《庄子》写出了自己想到但表达不出来的见解。与儒家的向外寻求事功不同，庄子的关注内心、关注自我、重视心灵的自由和逍遥，为后世提供了化解现实苦难的方式，指出了精神向上一途。

老子讲道法自然，庄子继承并发展了老子的思想，讲天地有大美而不言，天地与我并生，万物与我为一。"自然"一词不见于儒家经典，是道家思想中的概念。老庄哲学中的"自然"本是一种形而上的哲学概念，并非指自然界的山水花草，而是指天道，指万事万物本原的状态，本该如此，自然而然。魏晋玄学受老庄影响，崇尚自然。玄言诗开始从自然山水中

体悟人生哲理，魏晋人发现了自然之美，才产生了陶渊明的田园诗、谢灵运的山水诗。可以说道家的顺应自然、天人合一的思想，到后世演变为人与自然和谐相处，对中国的审美文化有深刻的影响。受老庄影响的文人追求的是艺术化的审美的人生境界。

第四节　楚辞

《史记·酷吏列传》中提到，朱买臣因为精通楚辞而受到汉武帝的宠幸，这是关于楚辞的最早的记载，这里的楚辞是指具有楚地特色的诗歌。到了西汉末年，刘向将屈原、宋玉及汉代淮南小山、东方朔、王褒、刘向等人的作品编辑成书，命名为《楚辞》。《楚辞》以屈原的作品为代表，书楚语、作楚声、纪楚地、名楚物，富有浓郁的地域特征，是楚国地域文化的产物。

一、荆楚文化

荆楚文化孕育出了《楚辞》，荆楚文化要从楚国的源头说起。楚国的先君鬻熊子事文王，到周成王时，封熊绎于楚蛮，姓芈氏，居丹阳。周代封爵有公侯伯子男，封熊绎为楚子，可见楚国地位的低微。楚国本是僻处南方的蛮荒之地，先王熊绎，辟在荆山，筚路蓝缕，以处草莽。后历经几代楚君的励精图治，楚国不断开疆拓土，日渐强盛。春秋时期，楚子熊通自立为武王，楚庄王不鸣则已，一鸣惊人，问鼎中原，成为春秋五霸之一。战国时期楚国曾非常强盛，疆域包括今天的湖北、湖南、安徽、江苏，及部分陕西、河南、四川、贵州的土地，长期是疆域最辽阔的国家。楚国的实力曾足以与秦国相抗衡，当时有"横则秦帝，纵则楚王"之说，可是到了屈原所生活的楚怀王、楚顷襄王时期，楚国日渐衰落，最终为秦国所灭。

楚国最初被中原蔑视为蛮夷之邦，这反而激发了楚人强烈的自尊心和凝聚力。楚国历史上不乏忠贞爱国之士，比如楚囚南冠的钟仪。钟仪是楚国的乐官，被羁押在晋国。晋侯让他演奏音乐时，钟仪演奏南音。范文子称赞钟仪是不忘故国的君子。再比如哭秦庭的申包胥。楚国被吴国攻打，危在旦夕，申包胥到秦国求取救兵，遭到拒绝后，申包胥依于庭墙痛哭，日夜哭声不绝，七天滴水未进，终于感动了秦哀公。秦哀公为之赋《无衣》，发兵救楚。这种爱国传统延续到楚国灭亡之后，楚人不甘心为秦所灭，"楚虽三户，亡秦必楚"，陈胜号为张楚，欲张大楚国；项梁项羽叔侄最初起兵也打着拥戴楚怀王孙子的旗号，项羽自号西楚霸王；刘邦亦是楚人。

荆楚文化弥漫着浓郁的浪漫气息，这与楚国巫风盛行有

关。楚人信巫鬼，重祭祀，楚地保留了很多原始文化的遗习。南郢之邑、沅湘之间的风俗在祭祀鬼神时，必作歌乐鼓舞以娱乐诸神。《九歌》是屈原改编的楚地的民间祭神乐歌，体现了楚地的巫祭文化。《九歌·东君》是祭祀太阳神之歌，其中就描写了歌舞娱神的盛大景象。祭祀时往往以女巫招男神，以男巫招女神，抒发对神灵的思慕向往之情。受巫祭风习影响，楚文化充满了飘逸浪漫、神奇瑰丽的特色。湖北江陵望山一号楚墓出土的漆器虎座凤鸟悬鼓、彩漆透雕动物纹座屏，曾侯乙墓出土的青铜鹿角立鹤等文物都充满了空灵的想象。

楚地的诗歌风格也与中原不同，是带有兮字的杂言体，如《越人歌》："山有木兮木有枝，心悦君兮君不知。"从句式来看，楚辞以六七言句式为主，参差自由，极富表现力，以"兮"字或"些"字作语气词是楚辞的重要标志。

综上可知，屈原的那种九死其犹未悔的坚韧不拔、知其不可为而为之的对理想信念的执着坚守、崇高的爱国精神，以《离骚》为代表的《楚辞》的浪漫主义、自由参差的杂言体的诗歌形式，其实都是渊源有自的，都深深地植根于楚文化的沃土当中。

二、屈原作品

理解屈原的作品，要本着知人论世的原则，还要了解他的身世遭际。屈原,名平,是楚武王熊通之子屈瑕的后代,和楚王同宗。屈原博闻强志,明于治乱,娴于辞令。曾担任过楚怀王的左徒,深受怀王信任,负责楚国的内政外交,主张举贤授能、修明法度、联齐抗秦。受到上官大夫的陷害,被楚怀王疏远。屈原愤而自疏,曾流落到汉北,后又回到郢都。楚怀王后受张仪蒙蔽,客死秦国后,顷襄王即位。顷襄王更加昏庸,听从令尹子兰和上官大夫的谗言,放逐了屈原。屈原流落到沅湘之地,最后自投汨罗而死。

《渔父》是了解屈原生平思想的重要资料,通过渔父与屈原两种不同的价值取向的对比,塑造了屈原的高洁形象。渔父不滞于物,与世推移;举世皆浊,淈泥扬波;众人皆醉,哺糟啜醨;与俗俯仰,和光同尘,委运任化。《沧浪歌》大有深意,清水比喻清明的盛世,浊水比喻黑暗的乱世。古人认为黄河水一千年清一次,所以以海清河宴比喻清平盛世,故有"俟河之清,人寿几何""惟日月之逾迈兮,俟河清其未极"的句子。渔父所唱之歌中,"水清濯缨"意思是政治清明的时候,就可以濯缨出仕,在尘世大展宏图,建一番功业。古代隐士是散发的,李白说"人生在世不称意,明朝散发弄扁舟";簪缨是为官的标志,《红楼梦》中说贾府是诗礼簪缨之族,意指贾府是诗礼传家的文化世家、官宦世家。"水浊濯足"意指政治黑暗的时候就濯足远游,远离污浊的尘世。《渔父》中的屈

原"举世皆浊我独清,众人皆醉我独醒",不愿以皓皓之白,蒙世俗之尘埃。

《离骚》

《离骚》是屈原创作的具有自传性质的抒情长诗,全诗二千四百九十多字,应写于楚怀王时期,屈原愤而自疏,流落到汉北一带时。关于《离骚》的创作,司马迁说:"屈平疾王听之不聪也,谗谄之蔽明也,邪曲之害公也,方正之不容也,故忧愁幽思而作《离骚》。""屈平正道直行,竭忠尽智,以事其君,谗人间之,可谓穷矣。信而见疑,忠而被谤,能无怨乎?屈平之作《离骚》,盖自怨生也。"司马迁认为屈原遭到谗佞小人的陷害,被楚怀王疏远,痛心君王忠奸不分,端方正直之士不见容于朝廷,满腔忧愁幽思,寄托于《离骚》以抒情。

在《报任安书》中,司马迁提出著名的"发愤著书"说,其中举到了"屈原放逐,乃赋《离骚》"的例子。屈原创作《离骚》正是为了抒发他放逐之后的忧愤之情。这首抒情长诗分为两大部分。第一大部分从开始到"岂余心之可惩",用现实主义的手法写成;从"女媭之婵媛兮"到结尾,是第二大部分,运用了浪漫主义的写法,充满了奇特的想象和夸张。全诗写了他的不幸遭际,抒发了他哀怨忧伤的情感。

《离骚》塑造了屈原忠贞高洁的形象。屈原先追述了自己高贵的出身,说自己是高阳氏(颛顼)的苗裔,出生在美好的时间，父亲为他取的嘉名寄托着对他的美好期望。他担心时不我待，所以勤勉地进德修业。他有美政理想：希望楚王踵武前王，改变楚国的黑暗现实，举贤授能、修明法度，圣主贤臣共同振兴楚国。他自信地要为楚王引路。可是君王却听信谗言，疏远了他。他为君王的反复无常而哀伤。同时，他培养的人才也多变节，让他陷入孤立无援的境地。楚国多是结党营私、苟且偷安的奸佞。屈原叹息自己艰难处境的同时，更为楚国的命运深深地忧虑，即便遭到不公正的对待，他仍然坚持自己的信念，"九死其犹未悔""伏清白以死直""虽体解吾犹未变"，屈原反复抒写他的执着坚守，宁愿以死抗争。他内心亦曾有过矛盾彷徨和挣扎。女嬃劝阻他以婞直亡身的鲧为鉴，要他随从流俗，不必太过正直。他想象着自己去向舜剖白心迹，回顾历史上的例证，他更坚定了自己的美政理想，所以即便陷余身而危死，但毫不后悔。他感慨生不逢时，从舜葬身的苍梧山出发，开始上下求索。

在奇幻瑰丽的想象中，屈原往上飞升，看到日色将暮，他命令太阳神羲和停下鞭子，让六龙拉的载着太阳的车子慢点儿前行，他在太阳洗澡的咸池饮马，把马缰绳拴在太阳栖息的扶桑树上，折若木的树枝把太阳上的灰尘拂去，让太阳重新焕发光彩，照亮他逍遥徜徉的前路。他让月亮神望舒做他的先驱，让风神飞廉为他奔走，让鸾凤、雷神都听从他的调遣。旋风率

领着云霞霓虹来迎接他,色彩斑斓、壮丽辉煌。他命令天帝的看门人为他打开天门,可是帝阍却倚着天门对屈原充满怀疑,象征着屈原在现实中受到小人的阻挠无法得遇明君。向上求索失败后,屈原又向下求索,求宓妃、求有娀之佚女、求有虞之二姚。求美亦失败,象征他理想的破灭。

屈原苦闷彷徨,犹豫不决,请灵氛为他占卜,请巫咸为他降神,灵氛劝他九州博大,不必眷恋故宇;巫咸鼓励他贤臣定会得遇明君。屈原想到楚国是非颠倒、贤愚不分的现实,决定远逝以自疏,宁愿效法忠贞正直,谏君不听后投水而死的彭咸,以死明志。

屈原在《离骚》中大量运用香草美人的意象,寄托政治上的感慨。他身披江离与辟芷,以秋兰为佩,朝饮木兰坠露,夕餐秋菊落英,以芰荷为衣,芙蓉为裳,用佩带香花香草喻示他正直的节操和高洁的人格。他也用香花香草与恶草臭物相对比,用香草喻忠良贤臣,用恶草比喻谗佞小人。这种写法对后世影响深远,柳宗元的"惊风乱飐芙蓉水,密雨斜侵薜荔墙"就属此类。

屈原除《离骚》外,还有《九歌》《九章》《天问》《招魂》。《天问》中充满了屈原对天地人事和楚国现实的苦苦求索。《招魂》是为楚怀王招魂,其中有"魂兮归来哀江南"的句子,庾信《哀江南赋》就化用此句。

《九歌》是屈原流放到沅湘之地时，有感于民间祭歌的词语鄙陋，加工润色而成的作品，保留了很多巫祭文化的特征。《九歌》共十一篇，《东皇太一》祭祀天神，《云中君》祭祀云神，《湘君》《湘夫人》祭祀湘水的配偶神，《大司命》祭祀主寿夭之神，《少司命》祭祀主管子嗣之神，《东君》祭祀太阳神，《河伯》祭祀河神，《山鬼》祭祀山神，《国殇》是为楚国牺牲的将士而作的祭歌，《礼魂》是送神曲。《九歌》多是爱情诗，语言清丽，深情绵邈，擅长用景物烘托情感。《山鬼》"风飒飒兮

明　文徵明　湘君湘夫人图

中华文明
文学卷

木萧萧,思公子兮徒离忧",哀婉感人;《湘夫人》"帝子降兮北渚,目眇眇兮愁予。袅袅兮秋风,洞庭波兮木叶下",烟波浩渺、秋风萧瑟、木叶凋零,凄清的秋景跟湘君望穿秋水不见伊人的惆怅落寞的情怀交相辉映,富有意境。《国殇》"身既死兮神以灵,子魂魄兮为鬼雄",慷慨悲壮,描述了楚国将士奋勇杀敌,终因寡不敌众,为国捐躯的形象,赞扬他们精魂不灭,浩气长存,李清照的《夏日绝句》化用此句为"生当作人杰,死亦为鬼雄"。《东君》"青云衣兮白霓裳,举长矢兮射天狼",勇武豪迈,激昂壮烈,喻指虎狼之秦。苏轼化用为"西北望,射天狼"。

《九章》包括《惜诵》《涉江》《哀郢》《抽思》《怀沙》《思美人》《惜往日》《橘颂》《悲回风》,是屈原不同时期写成的作品。其中《橘颂》是屈原早年所作,托物言志,名为咏物,实际上抒写了屈原向往的受命不迁、志向专一、苏世独立、横而不流的理想人格,四言的形式体现出受《诗经》影响的痕迹。

屈原光辉峻洁的人格与日月同辉。后世的文人多对屈原充满钦佩敬仰之情。贾谊作《吊屈原赋》,李白云"屈平词赋悬日月,楚王台榭空山丘",陆游说"《离骚》未尽灵均恨,志士千秋泪满裳"。屈原诗歌中体现的忧念国事的情怀、对理想信念的执着坚守影响了一代又一代忠贞志士。

第一章 浑融源头与先秦文学

现实主义的《诗经》和浪漫主义的《楚辞》共同铸就了先秦诗歌的辉煌，《诗经》以《国风》最脍炙人口，《楚辞》以屈原的《离骚》为代表，风骚并称，是后世诗歌的两大源头，《离骚》自由参差、富于变化的形式，香草美人、比兴寄托的表现手法，浪漫瑰奇的艺术境界，沾溉后人，其泽甚远。李白、李贺等浪漫主义诗人的创作多受《楚辞》影响。在《离骚》中，美人意象有时被诗人用来自比，有时指代君王。用来自指的比如"惟草木之零落兮，恐美人之迟暮"，喻示担忧时光已逝，年华老大，不能及时建立功业；"众女嫉余之蛾眉兮，谣诼谓余以善淫"，比喻自己受到谗佞小人的诋毁。"曰黄昏以为期兮，羌中道而改路！初既与余成言兮，后悔遁而有他"，自比弃妇，表达对君王的哀怨。后世曹植《七哀诗》"君若清路尘，妾若浊水泥。浮沉各异势，会合何时谐"就是沿用了这一写法。代指君王的比如求美情节中的宓妃、有娀之佚女、有虞之二姚。张衡将其化用，写成《四愁诗》："我所思兮在太山。欲往从之梁父艰，侧身东望涕沾翰。美人赠我金错刀，何以报之英琼瑶。路远莫致倚逍遥，何为怀忧心烦劳。"张衡作此诗的东汉汉顺帝时期，宦官专权，朝政衰败，张衡模仿屈原以美人比君王，以水深雪氛喻奸人，抒发对国事的忧虑和报国之情。曹植的《洛神赋》借思慕宓妃寄心君王，亦是受到了屈原的影响。

第二章

恢宏盛世与两汉文学

秦代立国时间短,秦始皇又实行暴虐的文化专制,文坛寂寥。吕不韦组织门客编纂的《吕氏春秋》和李斯的《谏逐客书》虽常被提及,但皆创作于秦统一天下之前。四百余年的两汉王朝,是中国历史上的盛世。经济繁荣,文化昌明,大汉雄风,壮阔激昂。文人豪情满怀,有强烈的进取精神、高昂的人生理想。即便到了东汉末年,文人士子仍然品核公卿,裁量执政,刚正婞直,以天下为己任。他们的作品也充满恢宏的气势,铺张扬厉,富有巨丽之美、盛世之音,体现了大一统帝国的辉煌磅礴气象。司马相如赋作包举宇宙,总揽人物,恢宏巨丽,五色斑斓,琳琅满目,细大不捐,展现出汉帝国的强盛。司马迁的《史记》究天人之际,通古今之变,如椽巨笔把三千多年的历史、四千多位人物囊括笔端,代表着盛世文人

中华文明
文学卷

清　袁耀　汉宫春晓图

的高卓胸襟和宏大气魄。

汉高祖故乡沛县原属楚地，高祖喜欢楚歌，其《大风歌》《鸿鹄歌》皆为楚歌。高祖欲废太子刘盈，改立戚夫人之子。吕后请来商山四皓辅佐太子，高祖看到太子羽翼已丰，废立无望，所以对戚夫人唱了《鸿鹄歌》，高祖自称《鸿鹄歌》为楚歌。汉武帝、汉宣帝、汉成帝等都喜欢楚辞，所以汉代辞赋创作蔚然成风。

汉赋的发展经历了骚体赋、散体大赋和抒情小赋三个阶段。骚体赋是受屈原《离骚》影响而产生的抒情赋，代表作是贾谊的《吊屈原赋》《鹏鸟赋》。贾谊跟屈原的遭际有类似之处，所以《史记》中有屈贾二人的合传。贾谊才华横溢，虽生于圣明的汉文帝时代，但被权臣周勃、灌婴等嫉恨，被贬谪为长沙王太傅，途经湘水时写下《吊屈原赋》。《吊屈原赋》名为哀悼屈原，实为借他人酒杯，浇自己块垒，宣泄自己被贬的伤痛。在长沙贬所第三年时，贾谊又写下《鹏鸟赋》，鹏鸟被认为是不祥之鸟，《鹏鸟赋》中贾谊借道家的祸福相倚、知命不忧来自我排解，追求若深渊之静、若不系之舟的恬淡超然境界，但细细品读，赋中蕴含的却是盛年遭贬、空怀壮志的余恨。除贾谊的赋作外，骚体赋的代表作品还有董仲舒的《士不遇赋》、司马迁的《悲士不遇赋》、王褒的《九怀》、王逸的《九思》等。枚乘的《七发》标志着散体大赋的成熟，司

中华文明
文学卷

马相如是最能代表散体大赋成就的作家。继司马相如之后,杨雄的《河东赋》《甘泉赋》《羽猎赋》《长杨赋》,班固的《两都赋》,张衡的《二京赋》等,是散体大赋的遗响。汉末以张衡《归田赋》为代表的抒情小赋,则是对骚体赋抒情传统的回归。

汉代的散文成就很高。西汉初年的政论文作家继承了先秦诸子关注现实的理性精神和战国纵横家纵横捭阖的气势,内容上反思前朝兴衰成败的教训,总结朝政中的具体问题,目的是巩固新兴政权。代表作有陆贾的《新语》、贾谊的《新书》、晁错的《论贵粟书》等。在历史散文领域,司马迁的《史记》开创了纪传体的体例,代表了历史散文的最高成就。东汉班固的《汉书》记录西汉一朝的历史,是第一部完整的断代史。《汉书》缺少了《史记》的风神气韵,更谨严有法,平实典雅。《汉书》亦深受后世文人雅士的喜爱,苏轼曾就《汉书》谈八面受敌的精读治学之法;黄庭坚说,如果久不读《汉书》,胸中会生尘俗,照镜会自觉面目可憎,与人交谈时语言无味,可见对《汉书》的喜爱程度。《史记》《汉书》,皆为皇皇巨著,辉映千古,代表了汉代乃至整个古代历史散文的最高成就。赵晔的《吴越春秋》兼有编年体和纪传体史书的特点,是历史演义小说的始祖。马第伯的《封禅仪记》是现存最早的游记。

第二章 恢宏盛世与两汉文学

受经学影响，汉代注重诗歌的政治教化功用，认为诗歌要宣扬人伦教化，以利于移风易俗，要发乎情，止乎礼义。汉代文人诗坛相对寂寥。乐府民歌继承了《诗经》的现实主义精神，感于哀乐，缘事而发，取得了较高的成就，《孔雀东南飞》《陌上桑》《长歌行》《江南》等都是汉乐府的名作。东汉班固的《咏史》是最早的完整的文人五言诗，张衡、秦嘉、蔡邕有少量文人五言诗的创作。随着汉末人的自我意识的觉醒，出现了抒发个人一己之情的《古诗十九首》，诗中充满着人生短暂的忧伤、相思离别的愁苦，文温以丽，意悲而远，被誉为"五言之冠冕"，对魏晋诗歌创作产生了深远的影响。

第一节 巨丽大赋

散体大赋篇幅宏大、气势浩荡，最能体现汉代恢宏盛世的强大声威和气魄。

一、大赋形成

枚乘的《七发》是标志着汉大赋形成的第一篇赋作。

汉初藩王势力强盛，文人喜外出游历，依附藩王。吴王刘濞、梁孝王刘武、淮南王刘安都喜欢招纳文士，这也促进了

辞赋创作的繁荣。吴王刘濞门下聚集了枚乘、邹阳、严忌等文人，枚乘、邹阳后转投梁孝王门下。梁孝王门下的梁园之游是文坛盛事，宾客皆擅长辞赋，枚乘水平最高。梁孝王曾经游于忘忧馆，召集诸游士作赋。枚乘创作了《柳赋》，路乔如写了《鹤赋》，公孙诡写了《文鹿赋》，邹阳写了《酒赋》，公孙乘写了《月赋》，羊胜写了《屏风赋》，韩安国作《几赋》不成，邹阳代作。邹阳、韩安国皆被罚酒三升，枚乘、路乔如均被赏赐五匹丝绢。文人雅集，饮酒作赋，令后人神往。李白的《梁园吟》"梁王宫阙今安在？枚马先归不相待"即写梁园雅集。淮南王刘安门下宾客有数千人之多，其中多有文人，他们也经常创作辞赋，淮南王作赋八十二篇，淮南王群臣作赋四十四篇。文人虽然依附藩王，但他们仰慕战国纵横家遗风，高自标置，以文才智慧自赏，以王者师自居。

枚乘是依附地方诸侯王的文士的代表。他曾做过吴王刘濞的郎中，刘濞想谋反时，枚乘上书劝谏，吴王不听从，枚乘就离开吴王去追随梁孝王。汉景帝即位后，任用晁错，损削诸侯，吴王刘濞与六国遂以"清君侧，诛晁错"之名谋反。枚乘又劝谏吴王，吴王还不听从，最终被灭。枚乘因两次劝阻吴王，见识高卓，名闻天下。汉景帝封他为弘农都尉。枚乘久为大国上宾，喜欢与才华横溢的文人交游，所以不喜被郡吏之职所缚，就称病辞官，又回到梁孝王门下。梁孝王去世后，枚乘回到故乡淮阴。汉武帝即位后想征召枚乘赴朝,为照顾年迈体弱的枚乘,特意以安车蒲轮迎接他,但枚乘还是不耐舟车劳顿,死于道中。

枚乘的《七发》采用主客问答的形式,假托楚太子和吴客的对话写成。因为用七事来启发太子,故名《七发》,以阐明耽于享乐的危害,告诫膏粱子弟。《七发》写楚太子有疾,吴客前去探望。吴客先分析楚太子生病的原因,认为楚太子是由于长久地耽于安乐所致,非药石针刺灸疗可治,需要当世博见强识的君子时时用要言妙道劝说太子改变情志方可。然后吴客用音乐、饮食、车马、游宴、田猎、观涛启发太子,太子虽皆推辞,但病势渐有起色。最后吴客用要言妙道启发太子,论天下之精微,理万物之是非,楚太子听了霍然病愈。吴客用要言妙道劝谏楚太子,也隐现出枚乘身在藩王门下,以王者师自居的态度。

《七发》创作于汉代初年,当时以清静无为的黄老思想治国。《老子》中有"五色令人目盲,五音令人耳聋,五味令人口爽,驰骋畋猎令人心发狂,难得之货令人行妨"的句子;《七发》中否定物质生活上的种种奢靡享乐,"纵耳目之欲,恣支体之安者,伤血脉之和",隐含着老子的思想。《七发》最后举出的有资略的方术之士中,庄子、魏牟、杨朱、詹何等人亦都属于道家学派的人物。

《七发》还体现了汉代音乐以悲为美的风尚。写制作琴体的梧桐树根已半死，忍受着寒风冬雪、雷霆霹雳，听到失群的鸟的哀鸣。太师挚用孤儿的衣带钩做琴上的装饰，用九个孩子的寡母的耳环制成琴徽，演奏出的是天下最悲伤的音乐。吴客描述的至悲之乐体现了汉代人对音乐美的标准。王褒的《洞箫赋》中写知音者乐而悲之，张衡的《归田赋》中有仓庚哀鸣，均以哀音为美。

《七发》是标志着散体大赋形成的第一篇作品，鸿篇巨制，辞藻繁富，铺排夸张，主客问答，韵散结合。受其影响，傅毅有《七激》，张衡有《七辩》，崔骃有《七依》，马融有《七广》，曹植有《七启》，王粲有《七释》，张协有《七命》，后世称这类赋作为七体。

二、相如赋作

汉武帝朝是汉朝最强盛的时期，国力鼎盛，士风蓬勃昂扬。汉武帝有雄才大略，不但开疆拓土，亦喜欢辞赋，作有《秋风辞》《李夫人赋》。他曾让朱买臣讲楚辞，令淮南王刘安为《离骚》作注，内设金马石渠之署，外兴乐府协律之事，兴废继绝，润色鸿业。司马相如、吾丘寿王、东方朔、枚皋、王褒、刘向等人都是汉武帝的言语侍从之臣，公卿大臣倪宽、孔臧、董仲舒、刘德、萧望之等人也常常作赋。汉武帝一朝辞赋创作盛况空前。汉武帝希望用文学来表现汉帝国威加海内的气魄，歌颂盛世雄风的散体大赋于是蔚为大观。

虽然司马相如与枚乘同为汉赋大家，并称枚马，但相较于枚乘，司马相如属于汉武帝时期言语侍从文人的代表，其作品有了更多的润色鸿业的色彩。

司马相如，字长卿，蜀郡成都人。他父母为他取名为犬子，司马相如学成之后，倾慕战国蔺相如的为人，所以更名相如。他曾在汉景帝朝中任武骑常侍，汉景帝不喜欢辞赋，所以司马相如在朝中也不受重视。当梁孝王来朝时，邹阳、枚乘、庄忌等人随行，相如看到后非常羡慕，就托病辞官，投入梁孝王门下，参与了梁园之游。在此期间，司马相如创作了《子虚赋》。梁孝王去世后，相如回到蜀地。几年后汉武帝读到了《子虚赋》，非常喜爱，感慨说遗憾不能和作者生于同一时代。狗监杨得意是蜀人，当时恰好侍奉汉武帝，杨得意说同乡司马相如自言创作了此赋作。汉武帝于是召见了司马相如。司马相如向汉武帝说，《子虚赋》写的都是诸侯之事，不值得观看，他要为汉武帝创作天子游猎赋，于是《子虚赋》完成十年之后，写成了《上林赋》。

王勃《滕王阁序》"杨意不逢，抚凌云而自惜"中，杨意即指杨得意，用的即是杨得意推荐司马相如的典故。凌云指《大人赋》，因汉武帝好仙道，司马相如创作《大人赋》，本

中华文明
文学卷

意是劝谏汉武帝，说列仙居山泽间，形容甚臞，非帝王之仙意，但汉武帝读后非但没有打消求仙的念头，反而大悦，飘飘有凌云之气。司马相如还作有《长门赋》，萧统在《文选》的《长门赋序》中认为，《长门赋》是为陈皇后所作。陈皇后失宠后别居长门宫，愁思悲苦，以黄金百斤请司马相如为之作赋，以解悲愁。《长门赋》写成后，汉武帝大受感动，陈皇后复得幸。此赋擅长用景物烘托情感，情景交融，把宫中失宠女子哀怨忧伤的情感描摹得淋漓尽致。《大人赋》和《长门赋》都属于骚体赋，而散体大赋《子虚赋》《上林赋》合称《天子游猎赋》，最能代表司马相如赋作的成就，亦代表了汉代散体大赋的最高成就。

　　子虚指虚言，乌有指无有此事，亡是公指无有此人。两赋内容连贯，借主客问答形式成篇。《子虚赋》写楚国的子虚出使齐国，跟随齐王田猎后去拜访齐国的乌有先生，恰好亡是公也在座。子虚批评齐王为夸耀齐国强盛、调遣齐国境内所有车骑带自己畋猎。为了捍卫楚国的尊严，子虚就故作谦虚地说，楚国有七个大泽，自己见识浅陋，只见过其中最小的云梦泽。然后描绘了楚王在云梦泽打猎的盛大场面。乌有先生先为齐王辩驳，批评子虚不赞美楚王的厚德，只知道炫耀奢侈享乐。然后又赞美齐国疆域广阔，物产富饶，能吞下八九个像云梦这样的大泽。最后归结为齐王不与子虚争辩，不言游戏之乐、苑囿之大，是有德之举。

《上林赋》接续《子虚赋》，写亡是公对子虚乌有的批评，认为他们不致力于明君臣之义、正诸侯之礼，只知争相炫耀游戏之乐、苑囿之大，在奢侈荒淫方面争胜，不但不能扬名发誉，反而会贬君自损。然后说两国的游猎之事不值得夸耀，上林苑才是真正的富丽，天子射猎的场面才是真正的壮观。辞藻繁复、铺张扬厉、穷形极貌，令读者叹为观止。最后曲终奏雅，写天子意识到这样太过奢侈，不能为继嗣创业垂统，于是解酒罢猎，推行德政。最后归结为讽谏之旨。值得注意的是，虽然汉大赋存在劝百讽一的缺点，但赋家在创作时是意图讽谏的，汉人的观念里，赋是古诗之流，或通讽喻，或尽忠孝，雍容揄扬，继承了《诗经》的讽谏之旨。

《子虚赋》是司马相如在梁孝王门下时所作，推崇的是地方诸侯国的强盛。《上林赋》是为汉武帝而作，赞美的则是一统天下的汉帝国的声威和气势，写出了对地方诸侯的批判，体现出了大一统的观念。

《上林赋》描绘出了汉代盛世帝国壮丽富饶的赫赫国势和声威，体现出了蓬勃进取、昂扬向上、乐观自信的时代精神。铺锦列绣，包举宇宙，总揽人物，山林川泽、花草鱼鸟、离宫别馆，全都囊括笔端。笔力雄健，气势充沛，激情洋溢，充满了盛世的浪漫气息。

与枚乘《七发》中的黄老思想不同,《上林赋》宣扬的是儒家的德政思想。"游于六艺之囿,驰骛乎仁义之涂",倡导用儒家的仁义治国,这也是时代风气的体现。

第二节　皇皇史书

汉代帝国的鼎盛不仅需要散体大赋去润色鸿业,展现盛世的绚烂图景,更需要有睿智理性的文人去清醒地总结反思、汗青立言,借古鉴今以继往开来。司马迁与司马相如同为汉武帝时期的文人,并称汉代两司马。一从历史的视角,一从辞赋的角度,共同展示了盛世的恢弘气象。

一、发愤著书

《史记·太史公自序》是司马迁的自传,详细地讲述了他的家世遭际。司马迁出生在史官世家。颛顼时,命令南正重掌管天文,北正黎掌管地理。到夏商时期,重黎后裔世代掌管天文地理。周宣王时转为司马氏,之后世代掌管周史。到司马迁父亲司马谈时,担任太史令。司马谈著有《论六家之要旨》,论述阴阳、儒、墨、名、法、道德六家的特点,推崇道家博采众家之长,体现了汉代初年对黄老思想的重视。

第二章 恢宏盛世与两汉文学

司马迁生于龙门,幼年在家乡度过,耕牧河山之阳,十岁时诵读古文,潜心学问。二十岁时行万里路,到各地去漫游。漫游的经历使他对各地的风土人情、历史掌故、社会人生有了深切的感受,为他以后创作《史记》积累了翔实的资料。其父司马谈临终之际,留下遗言,希望司马迁能创作一部上继《春秋》的史书。司马谈认为,孔子的《春秋》是万世的准则,从孔子绝笔于获麟之后,到司马谈生活的汉代,历经四百余年,都没有史书创作。自己作为史官,不能记录历史上的明主贤君忠臣死义之士,不能记载汉代一统大业,甚为惶恐。希望司马迁能完成自己的遗愿。司马迁在父亲去世后继任太史令,太初元年(前104年)开始了《史记》的创作。

天汉三年(前98年),即创作《史记》的第七年,发生了对司马迁影响深远的事件:李陵之祸。此事在《汉书·李陵传》和司马迁的《报任安书》中有详细的记载。李陵是汉代飞将军李广之孙,骁勇善战。贰师将军李广利率兵攻打匈奴时,李陵为贰师将军的部下。李陵率领五千步兵出征,深入匈奴腹地,被匈奴三万骑兵围困。李陵率士卒杀敌几千人,单于败退后又召集八万骑兵围攻李陵。在后无援军的情况下,李陵率步卒浴血奋战,又斩敌将数千。单于闻风丧胆,本欲逃跑,但可惜李陵军中有人投降匈奴,泄露了李陵军队没有后援的军情。于是单于继续围攻,李陵终因寡不敌众,兵败投降。消息

传到汉朝廷后,汉武帝勃然大怒。那些平时安享富贵尊荣的朝臣纷纷落井下石批评李陵,当汉武帝询问司马迁时,司马迁仗义执言,为李陵辩护。司马迁认为李陵平素关爱体恤士卒,士卒愿意为他效死,即便是古代的名将,也不能超过李陵。李陵虽然兵败投降,但应该是为了保留性命,以图寻求时机报效朝廷。司马迁与李陵并无私交,直言敢谏纯是出于公心,但汉武帝盛怒之下,听不进司马迁的逆耳忠言,反而认为司马迁是在诋毁贰师将军,为李陵开脱。司马迁以诬上的死罪被关押到监狱之中。司马迁深知死有重于泰山,有轻于鸿毛,勇者不必逞匹夫匹妇之勇。此时《史记》草创未就,司马迁为了完成《史记》,决定隐忍苟活、忍辱偷生。依汉代律令,欲免除死罪,可以以钱赎命,也可以遭受腐刑。司马迁清贫,积蓄不足以自赎,世态炎凉,友朋也无一伸以援手。万般无奈之下,司马迁毅然接受了宫刑之辱,幽于粪土之中而不辞,就极刑而无愠色。之后司马迁转任中书令,潜心于《史记》的创作。在遭受宫刑之辱的七年之后,《史记》终于完成。

《史记》的创作前后共用了十四年的时间。用十四年的时间执着于一件事,已经令常人难以企及,然而更令常人难以想象的是,在忍辱偷生的七年中,每一个日夜司马迁内心是怎样的煎熬。腐刑是身体和精神上双重的重创,《报任安书》作于太始四年(前93年),距离腐刑之辱已经五年之久(《报仁安书》的创作时间，说法不一，此处从王国维说），其中记录了司马迁内心依然强烈的深哀剧痛，"仆以口语遇遭此祸，重为乡党戮笑，以污辱先人，亦何面目复上父母之丘墓乎？虽累百世，垢弥甚耳！是以肠一日而九回，居则忽忽若有所亡，出则不知其所往。每念斯耻，汗未尝不发背沾衣也！"正是要完成《史记》的信念支撑着他，孜孜矻矻，笔耕不辍。《史记》完成，夙愿已了，司马迁不久后离开了人世。

李陵之祸对于司马迁个人来说是巨大的悲剧，但它也玉成了《史记》的创作。假如没有遭受如此苦难，《史记》可能会流于平庸。李陵之祸使司马迁对社会人生有了更深刻的体悟，他希望以《史记》洗刷他忍受的屈辱，表达自己的思想见识，借文章以求不朽。

成一家之言，立言以不朽，仅是司马迁创作《史记》的目的之一。司马迁创作《史记》意图有三：究天人之际、通古今之变、成一家之言。在肩负借古鉴今的使命感的同时，渴求实现自我个体的价值，这本是优秀史官的共同追求，而司马迁由于李陵之祸在"究天人之际，通古今之变"方面理解更加深刻，视野更宏博高远，远超同类；而且在成一家之言方面，不再只是客观冷静地评判历史，而是饱含着浓郁情感，以血泪写就史学和文学巨著。《史记》终成"史家之绝唱，无韵之离骚"。

二、《史记》

《史记》完成于汉朝最鼎盛的汉武帝时期,与散体大赋相类,展示出了宏大壮阔、气势磅礴的恢宏气象。《史记》中梳理历史的发展脉络,体现了司马迁的大一统观念,将本纪放到人物传记的中心,比作北辰、车毂,世家如围绕在周围的二十八星宿、辐条。司马迁笔端有波澜、胸中有丘壑,极富高卓的胆识和豪迈的气魄,把从传说中的轩辕黄帝到汉武帝时期上下三千年间的纷繁事件、风云人物尽收笔底,涉猎广博,贯穿经传,驰骋古今。他秉笔直书,具良史之材,《史记》有实录之誉,班固赞之"其文直,其事核,不虚美,不隐恶"(《汉书·司马迁传》),对帝王将相、闾里布衣、循吏酷吏、游侠刺客、佞幸滑稽等各色人等都有鲜活的描述,并试图探究他们命运的缘起,展现他们构成的波澜壮阔、风起云涌的历史,追溯历史兴衰、世事变迁背后的真相以借古鉴今,告诫当代甚至后世。

自古雄才多磨难,赋到沧桑句便工。坎坷的人生对文学创作颇有助益。以前的史书中,《春秋》《左传》是编年史,《国语》《战国策》是国别体,《史记》开创了纪传体的体例,把人物作为历史的中心。在对历史人物的描绘中注入身世之感,蕴含作者对人生的深刻思索,闪耀理性的光辉。鲁迅说"司马迁恨为弄臣,寄心楮墨,感身世之戮辱,传畸人于千秋"。司马迁笔下的人物身上多带有司马迁本人的影子，他着意塑造那些有传奇色彩的悲剧人物，如项羽、韩信、伍子胥、荆轲，等等，他们带有悲壮的气概，有胸怀大志，有舍生取义，有坚韧不拔，有豁达洒脱，有韬光养晦，有奋起抗争……他们的形象通过司马迁的塑造而在中华文明史上大放异彩，激励着后人。

雄深雅健的《史记》对后世散文产生了深远的影响，唐宋八大家、前后七子、桐城派都极为推崇《史记》，《史记》中的人物形象、故事情节亦多为后世戏曲小说所取材。

第三节　乐府民歌

乐府最初指一种音乐官署，秦始皇陵墓出土的编钟上就铸有"乐府"二字，可见在秦朝已经有了乐府机构的设置。汉承秦制，也设有乐府。汉武帝到汉成帝时期，乐府机构极为昌盛。后来把由乐府机构采集和创制的乐歌简称为"乐府"。

一、下层疾苦

乐府民歌中有许多作品反映了下层民众的苦难。《东门行》写丈夫回到家中，看到家中无衣无食，意欲反抗、铤而走险的愤怒；《妇病行》写妻子临终牵挂幼子，丈夫在妻子去世后无

力抚养幼子的无奈;《孤儿行》写孤儿生不如死的忧伤。

下层民众的痛苦往往与战争有关,《战城南》写战死者的鬼魂哀求乌鸦,希望乌鸦在吃自己的尸体之前为自己哀号送葬,充满悲愤;《十五从军征》写从十五岁就从军征战,八十岁才得以回到故乡的老兵的凄凉。汉乐府多用朴素的白描手法,表现对下层民众的无限同情。

二、婚姻爱情

汉乐府中有大量的婚姻爱情题材的作品。《上邪》是女子对爱情的忠贞誓言,"山无棱,江水为竭。冬雷震震,夏雨雪。天地合,乃敢与君绝",连用了五种自然界中不可能出现的现象强调对爱情的至死不渝;《江南》是与劳动结合的恋歌,芳辰丽景,嬉游得时,洋溢着欢快的气氛;《有所思》写出了女子听到意中人有他心之后的愤怒和决绝;《孔雀东南飞》写出了刘兰芝、焦仲卿的爱情悲剧。汉乐府对爱情的表达大胆直露,真挚热烈。

三、惜时爱生

汉乐府中还有对时光的珍视和对生命的眷恋的表达。《长歌行》有"百川东到海,何时复西归?少壮不努力,老大徒伤悲",借朝露秋叶百川起兴,写时光易逝,劝人珍惜时光、勤勉奋进;《薤露》《蒿里》是为死者送葬的挽歌,《薤露》有"薤上露,何易晞!露晞明朝更复落,人死一去何时归",露水晒干明天还会再有,人生却没有返程;《蒿里》有"蒿里谁家地?聚敛魂魄无贤愚。鬼伯一何相催促;人命不得少踟蹰",无论贤愚贵贱,最后都会魂归蒿里,写出了人生的无奈,表现出强烈的对生命的眷恋之情。

民歌是俗文学的代表,具有活泼的生命力,反映了民风民俗和百姓的喜怒哀乐,是社会现实最直接最真实的反映。通过民歌可以观风俗、知薄厚,了解吏治得失、朝政兴衰。汉乐府民歌感于哀乐、缘事而发,继承了《诗经》的现实主义精神,反映了汉人的生活和情感。后世多有仿作。比如,曹操流传下来的二十余首诗歌全是用乐府旧题写成,曹丕的诗歌有一半是乐府诗。杜甫即事名篇、无复依傍,创作新题乐府;元稹、白居易、张籍、王建有新乐府运动。他们都继承了《诗经》、汉乐府的现实主义精神。

同时民歌也是雅文学的源头活水,文人创作多从民歌中汲取营养。在汉乐府之前的诗歌中,《诗经》是四言样式,《楚辞》是带有兮字的长短不齐的杂言体,汉乐府中开始出现了大量五言诗。汉乐府中的五言诗被汉代文人所模仿,创作出了《古诗十九首》,《古诗十九首》代表了汉代文人诗的最高成就。之后五言诗成为中国古典诗歌的经典样式。

第三章

人的自觉与魏晋文学

魏晋六朝是动荡的乱世，三百六十余年间朝代更迭频繁、战乱频仍。三国杀伐纷争，西晋八王之乱，五胡乱华，晋世衣冠南渡，东晋内乱不断，北方十六国混战，南朝北朝分裂对峙。魏晋文人饱受乱离之苦，人命危浅，朝不虑夕，死亡的阴影挥之不去，他们对生命的意义、人生的价值有了更深刻的求索。

社会思潮上，儒家独尊的局面被打破，人们对他们赖以立身处世的修齐治平的儒家思想产生了深刻的怀疑，老庄思想重又回到人们的视野当中，成为人们安顿痛苦心灵、寻求慰藉的精神家园。玄学思潮兴起，文人士子追求个性的张扬、自我的解放，思想文化方面呈现出自由、多元化的局面。宗白华在《论世说新语》和《晋人的美》中写道："汉末魏晋六朝是中

国政治上最混乱、社会上最苦痛的时代,然而却是精神上极自由、极解放、最富于智慧、最浓于热情的一个时代。因此也就是最富有艺术精神的一个时代。"

魏晋是一个人的自觉的时代,也是一个文学的自觉的时代。文学从学术中独立出来,南朝宋文帝立儒学、玄学、史学、文学四学,范晔《后汉书》单列《文苑列传》。文学摆脱了经学的束缚,不再强调政治教化,转而注重文学的审美特征、文学自身的价值。曹丕《典论·论文》说"诗赋欲丽",陆机《文赋》说"诗缘情而绮靡,赋体物而浏亮",萧绎《金楼子·立言》说文学"绮縠纷披,宫徵靡曼,唇吻遒会,情灵摇荡",从辞采、声律、比兴、对偶、用事等方面追求形式之美。文学注重抒发个人的情感,三曹七子风骨凛然,竹林七贤纵心肆志,寒士左思郁勃激愤,渊明诗意栖居卓然独立,灵运恃才傲物寄情山水,鲍照贡诗言志、不甘碌碌同于燕雀,庾信平生萧瑟、健笔凌云意气纵横。魏晋六朝文人把他们对社会

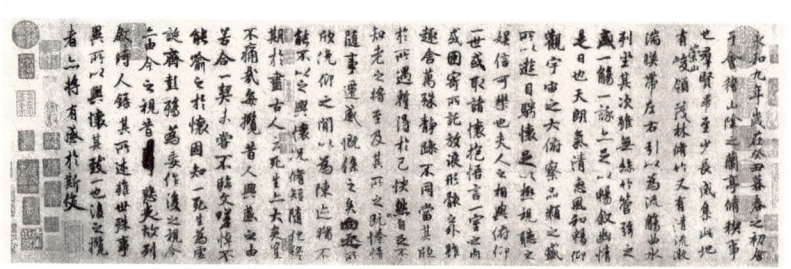

东晋　王羲之　兰亭序

人生的忧虑、他们的理想壮志、他们遭遇坎坷磨难后的忧伤或豁达，皆寄托于诗文创作，其作品充满了强烈的情感魅力。

从魏文帝立九品中正制始，魏晋形成门阀政治，上品无寒门，下品无势族。一方面出身寒微的人仕进无望，左思、鲍照等人借诗歌以咏怀；一方面也造就了如三张、二陆、王氏、谢氏这样的文学家族，出现了追述祖德、强调家风的作品。

魏晋玄学崇尚自然，魏晋士人纵情任性、率真旷达，《世说新语》体现的魏晋风度令人心向往之。嵇康、阮籍、谢安、王羲之、陶渊明都是魏晋风度的典型代表。受玄学影响，东晋玄言诗阐述柱下之旨、漆园之义，理过其辞，淡乎寡味。但玄言诗孕育出了山水诗，谢灵运是第一位大力致力于山水诗创作的诗人，其山水诗还拖着玄言的尾巴。宋代诗人注重理趣，以议论为诗，也受到玄言诗的影响。

佛教传入我国后，文人在翻译佛经的过程中发现了汉字的四声，运用到诗歌声律中，

清　任颐　羲之爱鹅图

产生了永明体,为唐诗的繁荣做了准备。

魏晋六朝文学始于三曹七子的建安文学,建安风骨慷慨悲壮,后世文人多提倡继承建安风骨以反对浮靡华艳的文风,其后嵇康阮籍代表正始文学,西晋文学中三张二陆两潘繁缛因袭,唯有左思风力继承了建安风骨,陶渊明在玄言诗盛行的东晋文坛独树一帜,诗风清新自然。南北分裂,文学亦分途。南朝文学庄老告退,山水方滋。山水诗人以谢灵运、谢朓等为代表,南朝文学追求新变,追求声色,北朝文学刚健质朴,庾信由南入北,集南北文学之两长,预示了唐代文学发展的方向。

第一节　建安风骨

建安文学是魏晋六朝文学的开端。建安虽是汉献帝的年号,但此时曹操挟天子以令诸侯,是政治上的实际统治者。曹操亦是当时文坛的领袖,以曹操为中心,建安文学的代表作家有三曹七子。三曹指曹操、曹丕、曹植父子,七子指孔融、陈琳、王粲、徐幹、阮瑀、应场、刘桢。建安文人多有渴望建功立业的豪情,感慨人生短暂的哀叹,慷慨任气,磊落使才,沉雄悲壮,风骨凛然。

第三章 人的自觉与魏晋文学

一、曹氏父子

曹操：慷慨雄放

《三国志》评价曹操运筹演谋，鞭挞宇内，是非常之人、超世之杰。《世说新语·容止》记载了一段捉刀的故事：曹操要接见匈奴使者，他自以为形貌不能够威慑匈奴，所以让声姿高畅、眉目疏朗的崔琰代替他接见来使，曹操自己则捉刀侍立在侧。完毕后他令间谍探听使者对曹操的印象，颇有识人之明的使者说，魏王非常儒雅有威仪，但捉刀人才是真正的英雄。可见曹操的英雄气概是多么鲜明，气场是多么强大。

曹操雅爱诗章，统领军队三十多年，戎马倥偬之余，横槊赋诗、鞍马为文，寄意于诗文创作。曹操的诗歌描绘时代乱离民生疾苦，忧念国事，关心民瘼，充满强烈的忧患意识。曹操诗歌现存二十余首，受汉乐府的影响，均是用乐府旧题写成，但不因循古意，而是旧瓶装新酒。汉乐府中的《薤露》《蒿里》原是为死者送葬的挽歌，曹操的《薤露行》《蒿里行》却改为写时事，诗风古直悲凉，有诗史之誉。《蒿里行》"铠甲生虮虱，万姓以死亡。白骨露于野，千里无鸡鸣。生民百遗一，念之断人肠"写出了连年战乱给人们带来的深重苦难，沉恻凄怆。

身处乱世，曹操诗歌中难免有人生几何、去日苦多的忧

伤,这是建安文人共同的感伤。但曹操毕竟是一代豪雄,他对人生的感伤往往和建功立业的雄心壮志联系在一起,悲而能壮。曹操的诗歌充满了平治天下、拯世济民的英雄情怀。《短歌行》写于赤壁决战前夕,明月皎皎,曹操于江边宴饮,豪情满怀,悲歌慷慨。苏东坡《前赤壁赋》里称其"酾酒临江,横槊赋诗,固一世之雄也"。"山不厌高,海不厌深。周公吐哺,天下归心",曹操以周公自比,殷切求贤,渴望天下一统,万民归心。

《步出夏门行》组诗包括《观沧海》《冬十月》《土不同》《龟虽寿》四章,为建安十二年(207年)曹操北征乌桓凯旋归来时所作。其中的《观沧海》一洗悲秋的感伤情调,充溢着踌躇满志、叱咤风云的英雄气概,沉雄健爽,气象壮阔。"日月之行,若出其中;星汉灿烂,若出其里。"沈德潜谓之"有吞吐宇宙气象",钟惺赞其"直写其胸中眼中,一段笼盖吞吐气象"。《龟虽寿》抒发了曹操老当益壮、积极进取的豪迈情怀。《世说新语·豪爽》记载,东晋大将军王敦每酒后辄吟咏"老骥伏枥,志在千里。烈士暮年,壮心不已"的诗句,以如意击打唾壶,壶口尽缺。

曹操的诗歌坦露襟怀,抒发了他作为杰出政治家的胸怀抱负,形成了豪迈纵横、古朴质直、雄浑苍茫的风格。敖陶孙《诗评》云:"魏武帝如幽燕老将,气韵沉雄。"他的散文亦复如此，清峻通脱，不受约束，无所拘泥，直抒胸臆，毫无避讳。鲁迅称他为"改造文章的祖师"。《让县自明本志令》，简称《述志令》，写于建安十五年（210年），曹操五十六岁时。他说自己没有篡位的野心，志向是封侯做征西将军，但是也不愿让出兵权，慕虚名而处实祸。对于自己在朝廷中的作用，他说"设使国家无有孤，不知当几人称帝，几人称王"。这种坦白直率、气势磅礴的句子是非曹操不能道出的。

曹操的诗作亦不乏儿女情长，临终之际的《遗令》安排身后之事，提到分香卖履，絮絮娓娓，充满了对人世的眷恋。罗隐《邺城》云："英雄亦到分香处，能共常人较几多。"

曹丕：便娟婉约

受曹操影响，曹丕也有通脱的一面。建安七子之一的王粲喜欢听驴鸣，王粲去世后，曹丕在王粲的葬礼上，对一同送葬的王粲的生前好友说，王粲喜欢听驴鸣，大家可以各自学一声驴鸣为他送葬。于是所有的送葬者都发出驴鸣声。

《世说新语》中还记载了曹丕迫害曹植、残杀手足的故事。曹丕曾经刁难曹植，让其七步之内赋诗，如果不成就会处以大法。曹植应声为诗："煮豆持作羹，漉菽以为汁。其在釜下燃，豆在釜中泣。本是同根生，相煎何太急？"曹丕听后深有惭色。曹丕还毒杀了同母兄弟曹彰，后来又想杀害曹植时，被卞太后阻止。后世文人多同情曹植，所以对曹丕不满，从而

对其文学成就有所轻视。但其实曹丕和曹植各有所长，抑丕扬植，不够公允。

生当人命危浅、朝不虑夕的乱世，曹丕有强烈的忧伤之感。他在东宫为太子时，疫疠爆发，百姓雕伤，曹丕深有感叹，人的年寿有限，尤其是乱世之人，生命更是脆弱。要追寻生命的意义和价值，追求流芳百世，追求不朽，立德不成，退而求其次，莫如著书立言。这是曹丕对叔孙穆子三不朽观念的继承。他在《典论·论文》中对文学可以使声名不朽的作用进行了详细的阐发："盖文章经国之大业，不朽之盛事，年寿有时而尽，荣乐止乎其身，二者必至之常期，未若文章之无穷。"《典论·论文》是文学批评史上第一篇文学专论。汉人把文学当作经学的附庸、政治教化的工具，《毛诗序》认为，诗歌可以"经夫妇，成孝敬，厚人伦，美教化，移风俗"，曹丕则抬高了文学的地位，重视文学自身的独立的价值，这是魏晋文学自觉的表现。

曹丕不仅自己爱好文学，以著述为业，创作近百篇作品；他还令儒生撰集经传，分门别类排列，有一千多篇，称为《皇览》，这是中国最早的类书。

与曹操的雄才大略、豪气纵横不同，曹丕更加敏感细腻，更有文士之气。曹丕诗现存四十余首，与曹操诗全是乐府诗不同，曹丕诗有一半是乐府诗，体现出从乐府诗向文人化转变的痕迹。后人多用"汉音"和"魏响"来说明曹操和曹丕诗歌的不同。曹丕诗歌一变其父悲壮的格调,多抒发游子思妇的离情别绪,委婉缠绵,便娟婉约,更多悲凉的意绪。以秋景写离愁别绪,先有《诗经·蒹葭》的"蒹葭苍苍,白露为霜";继有《湘夫人》的"袅袅秋风,洞庭扬波木叶凋零";曹丕《燕歌行》其一云:"秋风萧瑟天气凉,草木摇落露为霜,群燕辞归雁南翔。"以萧瑟凄清的秋景起兴,烘托思妇的孤寂落寞之情,抒情深挚、缠绵悱恻。《燕歌行》二首是文学史上最早的、完整的七言诗,且句句押韵,一韵到底,清丽宛转,可见曹丕在诗歌艺术形式上的创新追求。

曹丕的散文也擅长抒发深挚缠绵的情感。《与吴质书》:"昔日游处,行则连舆,止则接席,何曾须臾相失!每至觞酌流行,丝竹并奏,酒酣耳热,仰而赋诗,当此之时,忽然不自知乐也。谓百年己分,可长共相保,何图数年之间,零落略尽,言之伤心。"用当年游处的欢乐反衬今日友朋的早逝,物是人非,凄怆感伤。

曹植:建安之杰

曹植被誉为建安之杰。他生乎乱,长乎军,早年也有强烈的功业抱负,乐观积极。《白马篇》赞美幽并游侠儿武艺超群,忠贞爱国,"名编壮士籍,不得中顾私。捐躯赴国难,视死忽如归"也蕴含着他自己杀敌报国的理想和壮志。《薤露

中华文明 文学卷

行》中写道:"愿得展功勤,输力于明君。怀此王佐才,慷慨独不群。"《与杨德祖书》中,他也说"勠力上国,流惠下民,建永世之业,流金石之功"。人生短暂,他不想碌碌无为,他高自期许,相信自己有王佐之才,渴望辅佐明君,报效国家,造福黎民,建立伟大的功业。

但是曹丕称帝之后,对曹植百般迫害。曹植心中充满了强烈的忧伤和愤懑。黄初四年(223年)五月,曹植与白马王曹彪、任城王曹彰一起往京城朝拜时,残忍的曹丕毫不顾念手足之情,毒杀了任城王曹彰。曹植和曹彪欲结伴返回封国时,曹丕设立的监国使者又禁止他们同行。曹植把满腔的忧愤之情寄托在《赠白马王彪》之中。"人生处一世,去若朝露晞。年在桑榆间,影响不能追。自顾非金石,咄唶令心悲。"任城王的遇害让相同处境的曹植颇有兔死狐悲之感,他感到自己无力掌控命运,死亡的威胁近在眼前。这种无法掌控命运的无力之感,比起乱世文人普遍的忧生之嗟更多了一层恐惧。"丈夫志四海,万里犹比邻。恩爱苟不亏,在远分日亲。何必同衾帱,然后展殷勤。忧思成疾疢,无乃儿女仁。"曹植虽故作旷达语开解曹彪,同时也自我宽慰,但随后的"仓卒骨肉情,能不怀苦辛""离别永无会,执手将何时"却透露出他悲观绝望的心境。

即便黄初年间备受迫害,曹植积极用世之志仍未消歇。

《杂诗》中,"闲居非吾志,甘心赴国忧"表达自己不愿闲居,渴望讨伐东吴,可惜却空怀壮志,无路请缨,郁勃激愤、慷慨悲壮之情。魏明帝对曹植百般猜忌,曹植仍然满腔赤诚,向魏明帝上书,请求为国效命。《求自试表》中写道:"若使陛下出不世之诏,效臣锥刀之用,使得西属大将军,当一校之队;若东属大司马,统偏师之任,必乘危蹈险,骋舟奋骊,突刃触锋,为士卒先。"曹植还效仿屈原,以哀怨的思妇自喻,表达他的拳拳忠心。《七哀诗》:"君若清路尘,妾若浊水泥。浮沉各异势,会合何时谐?愿为西南风,长逝入君怀。君怀良不开,贱妾当何依!"借思妇对丈夫的思念和哀怨,喻指他对曹丕的忠贞,在遭受打击之后仍然寄心君王,渴望君臣遇合、为世所用。《洛神赋》亦复如此,托之宓妃,寄心君王,犹屈子之志。曹植终其一生都充满了强烈的济世报国的情怀,诗中充满了刚健昂扬的情感。

东晋 顾恺之 洛神赋图(宋摹)

二、建安七子

孔融、陈琳、王粲、徐幹、阮瑀、应玚、刘桢被誉为建安七子,其中王粲被推尊为"七子之冠冕"。王粲的《七哀诗》体现了强烈的忧国忧民的情怀。"出门无所见,白骨蔽平原。路有饥妇人,抱子弃草间。顾闻号泣声,挥涕独不还。'未知身死处,何能两相完?'"写生灵涂炭,尸横遍野,母亲被迫抛弃弱子的人间惨剧,以小见大,写出了乱离之际百姓的痛苦。《登楼赋》抒发了怀念故乡、壮志未酬的苦闷,情景交融,真挚感人,是魏晋抒情小赋的代表作。

孔融,字文举,孔子的二十世孙,耿介刚直,不肯苟合取容,自视甚高,屡屡言词冒犯曹操,终致杀身之祸。孔融虽身为圣裔,但其思想代表了汉末向魏晋的转变。《临终诗》是孔融诗歌的代表作,"三人成市虎。浸渍解胶漆。生存多所虑,长寝万事毕",抒发了蒙受冤屈的愤懑之情。他散文的代表作为《论盛孝章书》,叙述盛孝章在东吴受到迫害,自己为之向曹操求援,文章辞意恳切,感情充沛,典雅富赡,有强烈的个性特征。

刘桢刚直傲岸,诗如其人,亦是刚劲挺拔。《赠从弟》三首中第二首写道:"亭亭山上松,瑟瑟谷中风。风声一何盛,松枝一何劲!冰霜正惨凄,终岁常端正。岂不罹凝寒,松柏有本性!"化用《论语》中"岁寒,然后知松柏之后凋也"之句,赞美坚贞高洁的情操。元好问"曹刘坐啸虎生风,四海无人角两雄"就赞美刘桢诗有豪雄之气概。

徐幹鄙弃利禄,情操高尚,有箕山之志。其诗以抒发思妇念远的《室思》六首为代表,第三首:"浮云何洋洋,愿因通我辞。飘飘不可寄,徙倚徒相思。人离皆复会,君独无返期。自君之出矣,明镜暗不治。思君如流水。何有穷已时。"抒情细腻真挚、缠绵悱恻。

第二节　魏晋风度

魏晋时期玄学盛行,文人崇尚自然、纵情任性。魏晋风度令后人神往。

竹林七贤阮籍、嵇康、山涛,刘伶、阮咸、向秀、王戎,是魏晋易祚之际的七位著名文人。嵇康和阮籍是七贤的精神领袖,其文学成就也最高。

一、嵇康

嵇康的一生几乎是与曹魏政权相始终的,他目睹了曹魏与司马氏的夺权斗争,亦不幸成为司马氏血腥屠杀的牺牲品。幼

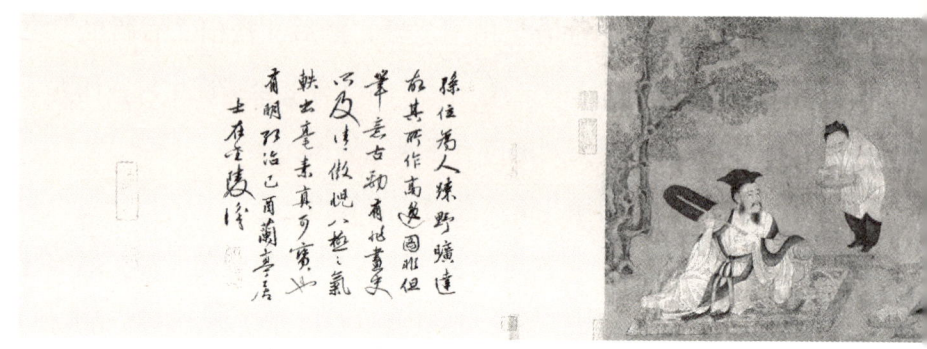

唐　孙位　高逸图残卷

年丧父的嵇康在母兄有慈无威的溺爱下，养成了率真任性、旷达不羁的性格，加上当时玄风大畅的影响，他向往的是老庄与道冥一、游心于玄默的境界。对道的体悟反映在他的生活情趣上，便是追求一种优游适意、超然自得的淡泊人生。"若夫三春之初，丽服以时，乃携友生，以邀以嬉，涉兰圃，登重基，背长林，翳华芝，临清流，赋新诗。"（《琴赋》）"淡淡流水，沦胥而逝。泛泛轻舟，载浮载滞。微啸清风，鼓楫容裔。放棹投竿，优游卒岁。"（《四言诗·十一首》）

早年的嵇康过的是一种远离尘嚣、自由自在、了无系累的生活，有一种充满了高情雅趣的审美境界。在弹琴啸歌中，在垂纶长川、鼓楫泛舟中，嵇康保持着宁静平和的心境。这种恬淡闲适、优游容与的高情远趣展现在其风神姿容上，便是一个典型的风流潇洒的魏晋名士。嵇康虽与魏宗室婚，但只拜了中

散大夫的闲职,因为他深受老庄思想影响,对功名富贵弃之如敝屣,喜欢自由自在、不受世俗礼法羁绊的适意人生。贵在肆志,纵心无悔。正始时期动荡的时局更使嵇康无意仕进。对于欺诈倾夺的官场,秉性刚直的嵇康深感失望,他宁愿过"守陋巷、教养子孙,时与亲故叙阔,陈说平生,浊酒一杯,弹琴一曲"的淡泊素朴的生活,随情之所至、不违己愿。嵇康本是一个至性至情之人。

正始后期,嵇康、阮籍、山涛等人相继聚到嵇康的家乡山阳,于是形成了著名的"竹林七贤"。此时与嵇康交往的还有东平吕安,他们志同道合,每一相思,辄千里命驾。嵇康虽不乏友人,但其诗中却有着深深的孤独感。在他的诗中,郢质不存、曲高和寡之慨随处可见,如《赠兄秀才入军诗》有"嗟我征迈,靡瞻靡恃,仰彼凯风,载坐载起","伊我之劳,有

清　沈宗骞　竹林七贤图

怀佳人，寤言永思，实钟所亲"。由于他志向高洁，与世人或俗人有太大的隔绝，他的超绝志行缺乏足够的响应，所以嵇康感到深深的孤独。

嵇康本可以继续超然物外，逍遥于竹林，与世无争，亦与世无碍，这样他被杀的悲剧便不会发生，但儒家的道德观念根深蒂固地影响着他，他的《答二郭诗》有"虽逸亦以难，非余心所嘉"。嵇康终不能忘情于俗，他是老庄的儒家之徒，他没有学孙登隐居岩泉、优游山林，做个世事不系于心的遁世者，也没有像阮籍那样口不臧否人物，得以苟全性命于乱世，更没有像刘伶、阮咸那样任情放诞。只要不对司马氏构成威胁，司马氏都可容忍，真诚耿介的嵇康不肯作伪以苟合取容，他的本性中还有刚直峻切、桀骜不驯的一面。他感情激越，是非分明，刚肠疾恶，不肯降己顺俗，遇事便发，从不掩饰。《幽愤诗》中自称："唯此褊心，显明臧否。"在其《与山巨源绝交书》中也写道："阮嗣宗口不论人过，吾每师之而未能及；吾不如嗣宗之贤，而有慢弛之阙，又不识人情，暗于机宜，无万石之慎，而有好尽之累。"这种刚直真诚的个性发展到极致，就达到了与虚伪的世俗势不两立的地步。正始十年（249年）的"高平陵政变"发生后，司马氏大肆排除异己，对亲曹势力进行血腥镇压，造成"魏晋之际，天下多故，名士少有全者"的恐怖局面。一系列的芟夷斩伐甚至使司马氏

清　任伯年　竹林七贤图

的后代晋明帝听到王导的追述后都覆面箸床,为之羞愧。嵇康无法对司马氏打着名教幌子篡逆的虚伪行径保持沉默,他选择了直面反抗的方式,发出了"非汤、武而薄周、孔"的言论,使自己处在了社会批判者的立场上,他的"越名教而任自然"更是对虚伪的名教中人的公然挑战。而举世皆浊的环境是绝不容许清醒而又勇敢的嵇康的存在的,他的性烈才俊、秉性高洁正显示出世俗名教之虚伪。嵇康以刚直耿介的个性身处乱世,实在是一个悲剧。《晋书》本传载:"康将刑东市,太学生三千人请以为师,弗许。康顾视日影,索琴弹之。曰:'昔袁孝尼尝从吾学《广陵散》，吾每靳固之，《广陵散》于今绝矣。'"三千太学生请以为师，可以想见嵇康对当时士人的巨大的精神感召力；而顾视日影、弹奏《广陵散》时的那份镇定从容，潇洒慷慨，千载之下，仍令人景仰。正如屈原的自沉汨罗使其坚贞爱国的形象更加崇高一样，嵇康的蹈节赴义也完成了其慷慨峻洁的人格塑造。他的视死如归的殉道精神、他的毫不妥协的刚直操守由此获得了永恒。正如颜延之在《五君咏·嵇中散》诗中所云："鸾翮有时铩，龙性谁能驯！"

嵇康的诗歌多为四言，以《赠秀才入军》十八章为代表，语言凝练优美，寄托了他遗世高蹈、淡泊洒脱的情怀。刘勰评价曰"嵇志清峻"。其散文《与山巨源绝交书》很能体现他刚直峻烈的性格，寄托了他高洁傲岸的情怀。山涛也是竹林七贤之一，《世说新语·赏誉》云："王戎目山巨源如璞玉浑金，人皆钦其宝，莫知名其器。"嵇康在遇害前还把儿子嵇绍托付给山涛，可见他对山涛的信任。《与山巨源绝交书》是借题发挥，表达了他不肯与司马氏合作的态度。

二、阮籍

阮籍为建安七子中阮瑀之子，他三岁时父亲去世。阮籍志气宏放，傲然独得，任性不羁。他本有济世之志，曾经登广武，观楚汉战处，感慨说："时无英雄，使竖子成名！"但魏

晋易祚之际，司马氏大肆杀戮异己，名士少有全者，阮籍于是遗落世事，酣饮为常，借饮酒以浇胸中垒块，借饮酒以避世。晋文帝曾欲为武帝求婚于阮籍，阮籍酣醉六十日，此事只好不了了之。钟会多次故意用时事问阮籍，想要抓住阮籍话语间的漏洞致其罪，阮籍也皆以酣醉获免。阮籍听闻步兵厨营人善酿酒，有贮酒三百斛，就主动请求做步兵校尉。他母亲去世时，他正与人下围棋，坚持把棋下完。然后饮酒二斗，放声哭号，吐血数升。守丧期间，他饮酒食肉，但内心极为悲痛，以至于毁瘠骨立。阮籍表面上不拘礼教，然而本性至孝。阮籍善作青白眼，对志趣相投的青眼有加，对世俗礼法之士则白眼对之。嫂子归宁时，阮籍与之相见道别，被人讥讽，但他毫不介怀。阮籍心里有太多的痛苦无处宣泄，他曾率意独自驾车出游，不由径路，直到车迹所穷，就在荒郊野外放声恸哭。

他不像嵇康那样公然反抗，以"发言玄远，口不臧否人物"而全身远祸。虽然阮籍得以保全性命，但心中有太多的痛苦，这些痛苦通过种种佯狂放诞、违礼悖俗之举来宣泄。他其实是出于无奈，所以在儿子阮浑长大成人之后，亦欲效仿父亲的放达时，阮籍却阻止了他。

他的痛苦还寄托于诗文当中，其代表作《咏怀诗》八十二首是最早的政治抒情组诗，左思《咏史》，陶渊明《杂诗》《饮酒》，庾信《拟咏怀》，陈子昂《感遇》，张九龄《感遇》，李白《古风》等都受其影响。

与建安诗歌的密切关注现实、抒发理想壮志、悲歌慷慨相比，阮籍的诗歌抒写个人的忧愤、沉痛悲凉。《咏怀诗》充满了忧生之嗟，如"朝阳不再盛，白日忽西幽""但恐须臾间，魂气随风飘。终身履薄冰，谁知我心焦""独坐空堂上，谁可与欢者"。这些诗句都表达出了其对人生短暂、世事无常、祸福难料的慨叹，反映了其孤独、苦闷、绝望的心情。他也曾有激昂壮志："壮士何慷慨，志欲威八荒。驱车远行役，受命念自忘。良弓挟乌号，明甲有精光。临难不顾生，身死魂飞扬。岂为全躯士，效命争战场。忠为百世荣，义使令名彰。垂声谢后世，气节故有常。"但更多的是理想幻灭的悲慨，忧愤深广。

《咏怀诗》其一写道："夜中不能寐，起坐弹鸣琴。薄帷鉴明月，清风吹我襟。孤鸿号外野，翔鸟鸣北林。徘徊将何见，忧思独伤心。"这是《咏怀诗》八十二首的发端，奠定了此组诗忧伤的基调。此诗与王维《竹里馆》"独坐幽篁里，弹琴复长啸。深林人不知，明月来相照"相对照，同样是写诗人月明之夜，独坐弹琴，但将目光投放至阮籍和王维生活的时代和他们的思想心态，就能体味到阮籍孤独苦闷心境和王维宁静愉悦心境的截然不同。

身仕乱朝，为了全身远祸，阮籍的诗歌多隐晦含蓄，多用比兴寄托，委婉曲折，言在耳目之内，情寄八荒之表，旨趣

遥深。

嵇康、阮籍去世后,竹林之游亦成陈迹。《世说新语·伤逝》记载,王戎做了尚书令后,曾穿着官服,坐着轻便的车子,经过黄公酒垆。他感慨说:"我过去曾与嵇康、阮籍在此酒垆酣饮。竹林之游,我也有幸参与过。自从嵇康早逝、阮公亡故之后,我为时事所羁绁。今日途经故地,看着虽然很近,但往事难追,邈若山河。"王戎的感慨中充满了无限的忧伤。七贤中的刘伶放浪形骸,常常乘鹿车出游,携一壶酒,使人荷锸随之,说自己如果死去,随便将自己埋葬就可以了。他嗜酒如命,写有《酒德颂》。向秀在嵇康遇害后被迫入洛,司马昭嘲讽向秀:"听说您有隐居的箕山之志,为什么来到了京城呢?"向秀违心地说:"巢父、许由是孤高傲世的狷介之士,不值得羡慕。"向秀写有《思旧赋》怀念嵇康,悲怆凄楚,感人至深。

三、陶渊明

陶渊明秉性淡泊,不慕荣利,《与子俨等书》云:"少学琴书,偶爱闲静,开卷有得,便欣然忘食。见林木交荫,时鸟变声,亦复欢然有喜。尝言五六月中北窗下卧,遇凉风暂至,自谓是羲皇上人。"陶渊明是一个重精神生活、忘怀世俗得失的人。但儒家的积极济世的精神也深深地激励着他,他在

《杂诗其五》中写道:"忆我少壮时,无乐自欣豫。猛志逸四海,骞翮思远翥。"他亦渴望一展宏图,有所建树,在"上品无寒门"的门阀制度森严的晋代,陶渊明直到二十九岁时才得以出任江州祭酒,但是,俯仰随人的官场令陶渊明感到志意多所耻,于是旋即辞归。渴望建功立业的壮志不会立即泯灭,陶渊明亦曾入过桓玄幕,做过刘裕的参军,又任建威参军、彭泽令,但是那个八表同昏、平陆伊阻的黑暗时代,是无法给陶渊明提供施展宏图的机会的,同时,缠绵人事的仕宦生涯使质性自然的陶渊明深深体味到有志不获骋的悲哀,他选择了独善其身的道路,毅然返归田园,终身不再出仕。对于陶渊明的归隐原因,历来议论纷纷,见仁见智。沈约在《宋书·隐逸传》中认为陶的归隐缘于其忠于晋室,不满刘裕的篡晋:"潜弱年薄官不洁去就之迹,自以曾祖晋室宰辅,耻复屈身后代,自高祖王业渐隆,不复肯仕。"这种解释是很牵强的,陶渊明辞彭泽令乃405年,刘裕篡晋是402年,陶渊明不可能十五年之前就预见到刘裕的篡逆野心。而且,晋室的现实同样令他失望,观其诗中,也并无多少亡国之痛、黍离之悲。其实,陶渊明的归隐是他意识中的儒、道两种思想交战的结果,其儒家积极用世的思想曾一度占上风,所以他五次出仕;但真风告逝、大伪斯兴的现实令他深感失望,最终,道家的逍遥出世和玄学的崇尚自然思想使他毅然返归田园。"遂尽介然分,终死归田园。"

清　华嵒　归去来兮图

朱熹在《朱子语类》卷一百四十中分析得非常精辟,"隐者多是带气负性之人为之,陶欲有为而不能者也"。

陶渊明是怀着"悟以往之不谏,知来者之可追"的迷途知返的心情返归田园的。在归田之初,陶渊明度过了一段清幽闲适、超然自得的快乐时光,物质生活虽素朴简淡,但精神境界宁静平和、自由愉悦。他"悦亲戚之情话,乐琴书以消忧",忘怀了俗世的荣辱得失。他的生活充满了雅趣,或与二三知己"奇文共欣赏,疑义相与析",寄心于诗赋;或"漉我新熟酒,只鸡招近局",忘情于友情。他蓄无弦琴弹之以自娱,取头上葛巾漉酒适意率心。此时的陶渊明完全融入自然之中,体验着平和冲淡的和谐之美,感到从未有过的欢娱和满足。但是,"结庐在人境"的陶渊明难免要食人间烟火,难免要受世事的烦扰,归田后期,物质生活日渐困顿,本来期望的"力耕不吾欺"化为泡影,最后竟然到了需向人乞食的地步,其潦倒之状可想而知。陶渊明本是"不戚戚于贫贱,不汲汲于富贵"的淡泊之人,这些生活的艰辛与忧患陶渊明都还可以忍受,他可以用儒家的君子固穷的思想来自我宽慰,从而泰然处之,历困厄而初衷不改。重要的是,陶渊明内心深处一直有一种壮志未酬、功业未建的悲慨,一种世无知音的孤独寂寥之感。在索居的田园中他感到被冷落和遗忘,正如韩愈在其《送王秀才序》中所指出的"虽偃蹇不欲与世接,然犹未

能平其心",他虽身在田园,亦并未完全遗落世事。暮年的陶渊明"猛志固常在",他深深体味到"日月掷人去,有志不获骋"的悲哀,其《咏荆轲》《读山海经》一类金刚怒目式的作品皆寄寓了他积极进取、慷慨激越的情怀。龚自珍在《乙亥杂诗·舟中读陶诗三首》其一中写道:"陶潜诗喜说荆轲,想见停云发浩歌。吟到恩仇心事涌,江湖侠骨恐无多。"壮志难伸,而周围又无知己能理解他的满腔愁绪,他在田园生活中倍感孤独寂寥,《饮酒》序云:"余闲居寡欢,兼比夜以长,偶有名酒,无夕不饮,顾影独尽。"陶渊明并非能始终做到超然物外、世事不系于心而一味地陶陶然,他归田后期的诗文,有一股悲慨无奈之气弥漫其中,挥之不去,他的委运任化的旷达多是他在悟彻世情之后的自我排解和宽慰。所以,陶渊明是一个悲剧感很强的人物。

四、狂狷人格

《论语·子路》中,孔子曰:"不得中行而与之,必也狂狷乎!狂者进取,狷者有所不为也。"何晏集解引包咸语曰:"狂者进取于善道,狷者守节无为。"朱熹在《孟子集注·尽心下》中解释道:"狂,有志者也;狷,有守者也。有志者能进于道,有守者不失其身。"可见,狂与狷是两种不同的人生价值取向,狂者是指积极进取,不肯与现实妥协者;狷者,是指洁身自好，不肯同流合污者。孔子最欣赏的是行中庸之道的人，但在现实中更多的却是貌似谦恭，实则阉然媚世的"乡愿"之徒，而狂者与狷者则以其率直任性的人格和对理想信念的执着坚守而极富锋芒。狂与狷看似是两个极端，但二者之间又有许多相契之处：他们对现实的黑暗都深为不满，采取不合作的态度，狂者进取，亦有其不屑之处；狷者有所不为，正是出于对理想的坚持，这是其必为之处。不论采取何种处事方式，他们的执着精神是一致的。

魏晋乱世，政局动荡，战乱频仍，整个社会面临着价值体系的崩溃和深层的信仰危机，有着拯世济民的高卓抱负的真诚士人，在面对现实政治中的尔虞我诈时常常感受到理想与现实强烈冲突的巨大痛苦，他们或奋起抗争，或毅然退隐，但终难免悲剧的命运。狂者嵇康刚直峻烈、肆志纵心，终为残暴的司马氏所不容，慷慨赴义；狷者陶渊明则毅然归隐、高蹈独善，于穷巷墟烟间饮酒赏菊，看似旷达超迈，但内心亦难摆脱沉重的苦闷。嵇康知其不可而为之，与屈子的伏清白以死直、虽九死其犹未悔的执着抗争精神一脉相承；陶渊明则知其不可而不为，于庄子逍遥出世的形式下恪守儒家善道。嵇康与陶渊明正是狂者与狷者的典型，他们同处于王朝易祚之际，都以其光辉峻洁的人格力量令后世高山仰止，其人格模式和价值取向在我国古代士人中极富典型性。

中华文明
文学卷

嵇康与陶渊明都处于易代之际,他们都深受道家逍遥出世和玄学崇尚自然思想的影响,追求一种淡泊宁静、悠闲平和的精神境界,嵇康的"目送归鸿,手挥五弦"和陶渊明的"采菊东篱下,悠然见南山"同样达到了一种物我两忘、心与道冥的和谐的美的极致,令人神往。

他们都至性至情,耿介刚直,清高超拔,追求人格的独立自由和自我尊严,一切任意率心,是非分明,从不苟合取容,这正是他们人品的高洁之处。他们都不妥协,执着坚持自己的操守,嵇康孤清傲,面对司马氏的淫威,肆志纵心,公然反抗,在《与山巨源绝交书》提出七不堪、二不可,"非汤、武而薄周、孔";陶渊明面对真风告逝、大伪斯兴的伪诈现实,毅然归隐,《感士不遇赋》云"宁固穷以济意,不委曲而累己",不肯为五斗米折腰,即使在偃卧瘠馁多日之后,当志向不同的檀道济馈以粱肉时,仍挥而去之。苏轼在《书李简夫诗集后》中写道:"陶渊明欲仕则仕,不以求之为嫌;欲隐则隐,不以去之为高;饥则扣门而乞食,饱则鸡黍以延客。古之贤者,贵其真也。"

他们都喜欢自由自在、闲适愉悦、不受世俗礼法羁绊的生活,蔑弃功名富贵,寄情于自然,娱情养性,长寄灵岳,怡志养神,所以在他们的诗中,飞鸟意象作为自然自由的象征常常出现,自然对于他们来说,类似于佛教的彼岸世界,他们于自然中获得了精神的慰藉和心灵的安顿。嵇康锻铁洛邑，灌园山阳，寄欣孤松，取乐竹林，在如诗如画的自然中优游容与，澹雅疏朗的陶渊明则陶然于穷巷墟烟之间，清琴横床，浊酒半壶，"登东皋以舒啸，临清流而赋诗""晨兴理荒秽，戴月荷锄归""躬耕以自足，即事多所欣"，不忮不求，忘怀了世俗的宠辱得失，达到了天人合一的境界。需要指出的是，嵇康的超越只是暂时的，他悻直的个性使他无法漠视现实，而陶渊明的超越则走向了永恒，化为其生活方式。

由于受魏晋自我意识觉醒思潮的影响，嵇康与陶渊明都有一种生命易逝的忧患意识，这种忧生之嗟可追溯到《古诗十九首》，嵇康写有《养生论》，陶渊明写有《自祭文》《挽歌诗》，但陶渊明比嵇康要清醒得多，超脱得多，嵇康是服食求长生成仙，近于道教修炼的方式，而陶渊明则看破了生死，持委运任化、顺任自然的态度。由于志向高洁，他们都有一种世无知音的孤独寂寥之悲。

他们反抗恶浊现实的方式不同。嵇康是狂放、狂顾顿缨式的，他性情刚烈，疾恶如仇，轻肆直言，遇事便发，处处以己之高洁显世俗之虚伪，不肯降心顺俗以苟合取容。嵇康是傲世的，睥睨世俗，不与流俗为偶，亦为世所难容；而陶渊明则谦和优容，"结庐在人境，心远地自偏"，超世不绝俗，平和冲淡、高蹈独善，与世无争，亦与世无碍。可以说，嵇康性情中

桀骜不驯是主导，但也有安闲从容、恬静淡泊的一面，那只是他受老庄思想、玄学思潮影响的一种自觉追求、一种性格上的自我完善，他的心态主要是狂放悻直，他骨子里是儒家的，是知其不可而强力为之的狂者；而陶渊明则以悠闲恬淡、超然旷达为主，他虽然亦受儒家用世思想影响，也有积极进取、慷慨激越的情怀，但道家的逍遥出世思想更契合他的心境，所以他走上了归隐的道路，于田园中独善其身，陶渊明是知其不可而不为的狷者。

嵇康属于竹林玄学，面对伪饰的现实，他出于愤激积极抗争，其实他深受儒家思想影响，他的潇洒出尘、求超然物外有刻意为之的痕迹；而陶渊明属晋末玄学，他不像"竹林七贤"那样采取偏执的行为，而是纯任心之自然，陈寅恪先生在其《陶渊明之思想与清谈之关系》一文中指出："（陶）非名教之意，仅限于不与当时政治势力合作，而不似阮籍、刘伶辈之佯狂放诞……唯求融合精神于运化之中，即与大自然为一体。"

嵇康被杀是抗争者的悲剧，顾视日影，弹奏《广陵散》是其悲剧的顶峰，死亡使其独立人格发展到了极致，走向了永恒，呈现出悲壮的气概；陶渊明虽得以终其天年，但内心郁结着太多的块垒，其苦闷亦是非常深沉的，陶渊明的人生应属于遁世者的悲剧。狂与狷这两种不同的价值取向都以悲剧告终，嵇康让人体会到崇高的壮美的毁灭，而陶渊明的一生总笼罩着淡淡的悲凉意味。

　　嵇康和陶渊明代表了古代文人狂与狷这两种典型的人格模式和价值取向。狂者愤世嫉俗，傲岸不羁，所以他们的命运往往以悲剧告终，或者被杀，或者仕途坎坷，郁郁终生，但他们不屈个性的张扬及对人格尊严的追求，却使他们在文学史上大放异彩。狂者代不乏人，孔融不尊朝仪，出言放荡；祢衡裸身击鼓，痛骂曹操；李白傲岸不羁，"戏万乘若僚友""揄扬九重万乘主，谑浪赤墀青琐贤"。这种孤傲的个性使他们仕途偃蹇，充满了悲剧色彩。我国历来就有隐逸的风尚，所以不乏隐遁避世、独善其身的狷者，尧时的许由，商纣末的微子、伯夷、叔齐，春秋时的长沮、桀溺……儒家本强调积极入世，主张"天行健，君子当自强不息"，追求立德、立功、立言的三不朽，但先秦的儒家思想中亦有避世的一面，孔子亦曾说过"危邦不入，乱邦不居，天下有道则见，无道则隐""邦有道，则仕；邦无道，则可卷而怀之""道不行，乘桴浮于海"，孟子更是提出了著名的"穷则独善其身，达则兼善天下"的主张。道家的处世思想中则是强调清静无为，高尚其志，主张和光同尘，退隐以避世。庄子"宁游戏污渎之中自快，无为有国所羁"，处穷闾恶巷，形容枯槁而甘之如饴。其实，儒家的独善与道家的逍遥是一致的，正如李泽厚所指出的，道家思想

是对儒家思想的完善和补充，儒道两家思想已成为两种深厚的文化积淀，渗透到古代士人的心中，而且这两种思想在古代士人的心中亦是融合的，只不过有时在某一人身上或人生的某一阶段某种思想较为突出而已：当政治清明，士人仕途得意时，儒家积极进取的思想对其的影响一般比较突出，而对于身处乱世，仕途失意，遭遇坎坷的士人，道家安时处顺、韬光养晦的思想便占据了主流，于是士人多遁迹山林，不拘礼法，但往往身在江海之上，心居魏阙之下，并不能完全忘怀世事。陶渊明之后亦出现了许多隐士，但比起渊明，他们否定现实的锋芒已大大削弱，多为仕途失意之后，无可奈何暂时寄迹于自然山水中，寻求慰藉和愉悦。而且，在历代统治者都尊奉儒教的古代社会，士人骨子里都深受儒家济世思想的影响，几乎没有几人能耐得住仕途的寂寞。如白居易、苏轼等人固然仰慕陶渊明遗弃荣利的为人，但并未效仿其隐遁方式。所以，古今真正的隐士，并不多见。

狂者的进取，狷者的退守，同出于对现实的不满，同是对现实的抗争，都体现了士人对独立自由的人格尊严的追求，他们之间有许多相通之处，往往狂中有狷，狷中有狂，他们常困其性格和行为不合社会规范和传统价值观念，而为世俗所不容，往往以悲剧告终，但他们的忧世情怀、抗争精神，以及他们高洁傲岸的形象却永留人间！

第三节　山水清音

魏晋乱世，隐逸之风盛行，士大夫为了摆脱现实的苦闷，陶醉于山林之乐，自然山水审美意识日渐增强。"向外发现了自然，向内发现了自己的深情。山水虚灵化了，也情致化了。陶渊明、谢灵运这般人的山水诗那样的好，是由于他们对于自然有那一股新鲜发现时身入化境、浓酣忘我的趣味。"（宗白华《美学散步》）山水以形媚道，玄学崇尚自然，往往借山水体玄，从山水中寻求人生哲理。庄老告退、山水方滋，山水诗从玄言诗中独立出来。

一、寄情山水

谢灵运是第一位大力致力于山水诗创作的诗人。

谢氏家族是东晋的名门望族，亦是文化世家。谢灵运的祖父谢玄是谢安的侄子、谢道韫的弟弟。谢玄亦颇有文学才华，《世说新语》记载，谢安问子侄辈："子弟亦何豫人事，而正欲使其佳？"其他人都不知如何作答，谢玄回答说："譬如芝兰玉树，欲使其生于庭阶耳。"后人遂以芝兰玉树、谢家宝树来指代出色的子弟。谢安还曾问谢玄《诗经》中哪句最佳，谢玄说是"昔我往矣，杨柳依依；今我来思，雨雪霏霏"。可

以看出,谢玄机智善辩,有很高的文学素养。

东晋时期,谢灵运袭封了祖父的封爵,被封为康乐公,但到了刘宋王朝,其封爵降为康乐侯。谢灵运抱负不得施展,遂寄情于山水,以摆脱现实的苦闷,在山水清晖中获得心灵的宁静。

二、初发芙蓉

谢灵运的山水诗清新鲜丽,据《南史·颜延之传》记载,颜延之曾让鲍照比较自己与谢灵运的优劣,鲍照评价说:"谢五言如初发芙蓉,自然可爱。"指出了谢灵运诗歌清丽自然的特点。

谢灵运注重对山水的细致描摹,诗中有许多清新自然的佳句,如"池塘生春草,园柳变鸣禽"(《登池上楼》);"白云抱幽石,绿筱媚清涟"(《过始宁墅诗》);"云日相辉映,空水共澄鲜"(《登江中孤屿》);"林壑敛暝色,云霞收夕霏"(《石壁精舍还湖中作》);"春晚绿野秀,岩高白云屯"(《入彭蠡湖口》);"野旷沙岸净,天高秋月明"(《初去郡》);等等,设色淡雅,生动精炼。

钟嵘《诗品》引《谢氏家录》说,谢灵运每每对着从弟谢惠连时,就会想出佳句。有一次他在永嘉西堂,一整天苦思冥想都没有灵感,寤寐之间忽见惠连,就写成了"池塘生春草，园柳变鸣禽"之句。谢灵运自己对这一句也非常满意，他感慨说，这一句如有神助，并非自己想出来的。

谢灵运诗歌受到玄言诗的影响，但与玄言诗又有很大的不同。玄言诗重在从山水中印证老庄哲理，而谢诗更加注重描摹田园山水景色。谢灵运的山水诗尚留有脱胎于玄言诗的痕迹，往往在最后会感慨人生哲理。比如"索居易永久，离群难处心。持操岂独古，无闷征在今"（《登池上楼》）；"虑澹物自轻，意惬理无违。寄言摄生客，试用此道推"（《石壁精舍还湖中作》）。这些人生哲理在诗歌中显得拖沓累赘，太过直白浅陋，不够浑融含蓄，消解了诗歌的韵味。谢灵运和谢朓是同族的叔侄，都擅长创作山水诗，故世称大小谢。谢朓山水诗中就已经摆脱了灵运诗中的玄言尾巴，圆美流转。到了唐代，山水田园诗派蔚为大观，成为盛唐重要的诗歌流派。

陶渊明的田园诗和谢灵运的山水诗对田园山水的描写，代表了魏晋时人对自然的关注：发现自然之美，人与自然和谐相处，在自然中获得心灵的宁静，达到与物冥合的境界，追求艺术化的审美的人生。

第四章

开放包容与唐代文学

　　隋代只经历了隋文帝和隋炀帝两朝三十七年。隋文帝重视文化，推崇儒学，废除了魏晋以来的九品中正制，创立了科举制度，给出身寒微的人提供了仕进机会。文学上他延续了南北朝时期北人的文学主张，崇尚质朴实用。隋炀帝虽是亡国之君，但他在诗歌创作上颇有成就，《全隋诗》存其诗四十多首，其诗《春江花月夜》："暮江平不动，春花满正开。流波将月去，潮水带星来。"声韵宛转，清丽自然。隋代文人中，卢思道、薛道衡成就较高。隋朝的优秀作品都体现出了混融南北文风的特点，唐代文学正是沿此方向走向了辉煌。

　　唐朝共二百八十九年，国力强盛、经济富庶，文人多具有开放的胸襟、乐观的情调。杜甫在《忆昔二首》其二中写道："忆昔开元全盛日，小邑犹藏万家室。稻米流脂粟米白，公私

唐　阎立本　步辇图

仓廪俱丰实。九州道路无豺虎，远行不劳吉日出。齐纨鲁缟车班班，男耕女织不相失。"写出了开元盛世农业丰收、社会安定、经济繁荣的景象。唐代很多作品都能体现出盛唐气象。

　　唐代统治者在文化上采取兼容并蓄的政策，去华夷之防，吸收外来文化。唐太宗说："自古皆贵中华，贱夷狄，朕独爱之如一。"儒释道三家思想并存，思想文化上非常自由。唐代延续了隋代科举取士的制度，王定保《唐摭言》记载，贞观初年，放榜之日，唐太宗看到进士结队而行，高兴地对侍臣说："天下英雄，入吾彀中矣。"科举考试重视文采诗赋，有利于文学创作的繁荣。唐代文人除参加科举外，还有隐居、漫游、从军边塞等生活方式。隐居有的是为了出仕，比如著名的终南捷径的故事。《新唐书·卢藏用传》记载："司马承祯尝召至阙下,将还山,藏用指终南曰:'此中大有嘉处。'承祯徐曰:'以仆视之,仕宦之捷径耳。'藏用惭。"卢藏用隐居是想获得高名令誉。他先是隐居在长安附近的终南山,后来皇帝去洛阳,他又到嵩山隐居,所以被讽为"随驾隐士"。他做官后贪图权力,徇私枉法,为人骄纵,没有丝毫的节操。卢藏用跟孔稚归《北山移文》中"虽假容于江皋,乃缨情于好爵"的沽名钓誉的假隐士类似。因为唐代对佛道两家都很重视,所以有许多文人隐居山林中的寺庙道观,如陈子昂、李白、岑参等人都曾在山林中隐居;也有很多文人有漫游名山大川的经历。隐居山林和漫游山川的生活方式使文学中出现了大量的关于山水田园的描写,而从军边塞的经历又促进了边塞题材的文学创作。

在以上诸因素的影响下,在魏晋南北朝文学成就的基础上,唐代文学出现了繁荣的景象,在诗歌、散文、唐传奇、词领域都取得了很高的成就。

北宋宋祁《新唐书·文艺传》提出"唐文三变",最早对唐代文学分期。南宋严羽《沧浪诗话》分唐诗为唐初体、盛唐体、大历体、元和体、晚唐体五个阶段。明代高棅《唐诗品汇》将唐诗分为初唐、盛唐、中唐、晚唐四期,这一分法被后人沿用。唐代在诗歌领域成就最高。初唐先沿齐梁余风,后出现初唐四杰、陈子昂。盛唐有李白、杜甫、田园山水

诗派、边塞诗派。"文质相炳焕，众星罗秋旻"（李白《古风五十九首》其一）。中唐时有大历十才子、元白新乐府，韩孟诗派、柳宗元、刘禹锡、李贺等。晚唐时期，朝政颓败，宦官专权，藩镇割据，文人忧念国事，感伤自身，诗歌中多悲凉情调，代表诗人有李商隐、杜牧，后世将其并称为"小李杜"。

杜牧才气纵横，诗歌俊爽峭拔，格调高远。他的咏史怀古诗融入了深沉的沧桑感和伤悼意绪。《题宣州开元寺水阁阁下宛溪夹溪居人》："六朝文物草连空，天澹云闲今古同。鸟去鸟来山色里，人歌人哭水声中。深秋帘幕千家雨，落日楼台一笛风。惆怅无因见范蠡，参差烟树五湖东。"杜牧诗往往摆脱前人窠臼，发前人所未发，《赤壁》："折戟沉沙铁未销，自将磨洗认前朝。东风不与周郎便，铜雀春深锁二乔。"《题乌江亭》："胜败兵家事不期，包羞忍耻是男儿。江东子弟多才俊，卷土重来未可知。"

李商隐咏史诗多讽刺统治者。《隋宫》："紫泉宫殿锁烟霞，欲取芜城作帝家。玉玺不缘归日角，锦帆应是到天涯。于今腐草无萤火，终古垂杨有暮鸦。地下若逢陈后主，岂宜重问《后庭花》？"辛辣地讽刺隋炀帝的昏庸奢靡。《贾生》："宣室求贤访逐臣，贾生才调更无伦。可怜夜半虚前席，不问苍生问鬼神。"讽刺汉文帝不能重用贤才。李商隐的爱情诗深情绵邈。《无题》："相见时难别亦难，东风无力百花残。春蚕到死丝方尽,蜡炬成灰泪始干。晓镜但愁云鬓改,夜吟应觉月光寒。蓬山此去无多路,青鸟殷勤为探看。"缠绵悱恻,情深意挚。《无题二首》其一:"身无彩凤双飞翼,心有灵犀一点通。"写出了心有灵犀的默契。

李商隐的诗歌擅长用华美的语言,抒写凄迷哀婉的情感,创作缥缈朦胧的意境。《锦瑟》:"锦瑟无端五十弦,一弦一柱思华年。庄生晓梦迷蝴蝶,望帝春心托杜鹃。沧海月明珠有泪,蓝田日暖玉生烟。此情可待成追忆,只是当时已惘然。"抒发了无限怅惘忧伤的情怀,富有深婉蕴藉之美。

散文领域,韩柳倡导古文运动;小说领域,出现了唐传奇;唐代还出现了词这种新文体,南唐出现了词人李煜,"词至李后主而眼界始大,感慨遂深,遂变伶工之词而为士大夫之词"。"词人者,不失其赤子之心者也。故生于深宫之中,长于妇人之手,是后主为人君所短处,亦即为词人所长处。"(王国维《人间词话》)李煜扩大了词境,抒情真挚凄婉,语言清新自然,对宋代词人影响深远。

第一节　初唐诗坛

魏徵《隋书·文学传》曾指出,南朝的文学音韵和谐,

辞藻清绮；北朝的文学词义贞刚，有内在的风骨。北朝理胜其词，不够华美；南朝则文过其意，不够深刻。南北文学各有所长，又各有所短，如果能融合南北文风，各去所短，合其两长，就能做到内容和形式的完美统一，尽善尽美了。唐代文学正是沿着融合南北文学之两长的方向发展的。

初唐时期，唐太宗及杨师道、李百药、虞世南等人的诗歌注重声律辞藻的技巧，沿袭了六朝余习，存在宫廷化的倾向，清绮纤弱。上官仪是初唐宫廷诗人的代表，诗歌绮错婉媚，时人纷纷效仿。王绩的诗歌迥异于流俗，意境高古，气格遒健，涤除了初唐排偶板滞的余习，在初唐诗坛别具一格。王绩，字无功，躬耕东皋，自号东皋子，喜欢饮酒，又称斗酒学士、酒家南董，作《五斗先生传》《酒经》《酒谱》，有魏晋萧散风度。《野望》："东皋薄暮望，徙倚欲何依。树树皆秋色，山山唯落晖。牧人驱犊返，猎马带禽归。相顾无相识，长歌怀采薇。"通过写清幽萧瑟的景色，抒发闲逸又彷徨惆怅的情怀。诗歌情景交融，清新朴素，如荆钗布裙，摆脱了轻靡华艳。

一、初唐四杰

四杰虽然遭遇都非常坎坷，但是作品中都体现着一种顽强不屈、昂扬进取的情调。他们书生意气，激扬文字，给纤弱的初唐诗坛带来了崭新的气象，如璀璨流星焕发出耀眼的光芒。

王勃

王勃才华横溢,打腹稿的典故就是出自王勃。据说王勃写诗的时候,事先并不思考,而是会磨上许多墨,再畅饮美酒,然后盖上被子蒙头大睡。等到睡醒了,马上提笔成篇,洋洋洒洒,一挥而就,一个字都不用更改,大家都说王勃是打腹稿。王勃志向高远,诗歌慷慨激越、壮阔明朗。送别诗《送杜少府之任蜀州》:"海内存知己,天涯若比邻。无为在歧路,儿女共沾巾!"此诗化用了曹植《赠白马王彪》:"心悲动我神,弃置勿复陈!丈夫志四海,万里犹比邻。恩爱苟不亏,在远分日亲。何必同衾帱,然后展殷勤。忧思成疾疢,无乃儿女仁?仓卒骨肉情,能不怀苦辛!"但曹诗强作排遣,幽愤沉郁,而王勃诗磅礴雄浑,胸襟豁达,兴象宛然,气骨苍然。南朝江淹《别赋》里写"别虽一绪,事乃万族",有富贵之别、侠客之别、从军之别、绝国之别、夫妻之别、方外之别、情侣之别。别离往往使人黯然销魂。王勃送别诗却开阔爽朗,雄浑奔放,语调明快,独标高

元　夏永　滕王阁图

格。高适《别董大》"莫愁前路无知己,天下谁人不识君"亦是如此,此乃唐代昂扬蓬勃的时代风气使然。

《滕王阁序》是王勃著名的骈文,据记载,王勃有幸参与了在滕王阁举行的盛大宴会。当时都督阎公早已准备好让自己的女婿孟学士写序,筵席上的许多文士也都心照不宣。但是在大家互相谦让时,王勃却应允下来,都督阎公大怒,拂袖而去。王勃每写成一句就有人向阎公汇报,第一次汇报说王勃写的是"南昌故郡,洪都新府",阎公嘲笑说不过是老生常谈。又汇报说写的是"星分翼轸,地接衡庐",阎公听后沉吟不语。当听到写的是"落霞与孤鹜齐飞,秋水共长天一色"时,阎公惊讶地站起来,赞叹说王勃真是天才,定当声名不朽。然后赶忙回去好好款待王勃,宾主尽欢而散。

"落霞与孤鹜齐飞,秋水共长天一色",清新明丽,动静相生,境界开阔,景中含情,胸襟阔达,虽是从庾信《射马赋》中"荷花与芝盖齐飞,杨柳共春旗一色"脱胎而出,但青出于蓝而胜于蓝。王勃的《滕王阁序》也写得慷慨激昂:"老当益壮,宁移白首之心?穷且益坚,不坠青云之志。酌贪泉而觉爽,处涸辙以犹欢。北海虽赊,扶摇可接;东隅已逝,桑榆非晚。孟尝高洁,空余报国之情;阮籍猖狂,岂效穷途之哭!"虽能看出作者仕途失意,忧郁愤懑,但也能感受到他并不流于消极,仍然对未来充满希望,蕴含着振奋人心的力量。

其后的《滕王阁诗》"滕王高阁临江渚,佩玉鸣鸾罢歌舞。画栋朝飞南浦云,珠帘暮卷西山雨。闲云潭影日悠悠,物换星移几度秋。阁中帝子今何在?槛外长江空自流"以自然的永恒反衬繁华易逝、人生无常,令人慨叹。

骆宾王

骆宾王,字观光,其名与字取自《易经》观卦:"观国之光,利用宾于王。"骆宾王幼有神童之誉,《咏鹅》是他七岁时所赋。骆宾王的《代李敬业传檄天下文》与王勃的《滕王阁序》俱是骈文的佳作,大量用典,富赡圆融,华艳典重,气势宏壮。《新唐书·骆宾王传》记载,骆宾王曾为徐敬业传檄天下,历斥武后罪责。武后最初不以为意,但当听到"一抔之土未干,六尺之孤安在"之句时,认为骆宾王是难得的人才,感慨说"宰相安得失此人"!徐敬业兵败后,骆宾王不知所之。辛文房《唐才子传》记载,宋之问曾游灵隐寺,夜月于长廊吟诗"鹫岭郁岧峣,龙宫隐寂寥"未得下联,苦思冥想。有燃灯坐禅老僧笑语,为何不道"楼观沧海日,门对浙江潮"?宋之问第二天再去寻访老僧,却没有找到。老僧就是骆宾王,传闻已乘桴浮海而去。清陈熙晋"临海少年落魄,薄宦沉沦,始以贡疏被愆,继因草檄亡命"(《骆临海集笺注》)概括了骆宾王跌宕坎坷的一生。

骆宾王擅长七言歌行诗,骆宾王的《帝京篇》和卢照邻

的《长安古意》并称,都是初唐七言歌行的代表作。其后,刘希夷、张若虚、李颀、王维、高适、元稹、白居易等人均创作过七言歌行。《帝京篇》:"马卿辞蜀多文藻,扬雄仕汉乏良媒。三冬自矜诚足用,十年不调几遭回。汲黯薪逾积,孙弘阁未开。谁惜长沙傅,独负洛阳才。"通过大量用典抒发自己怀才不遇的苦闷。闻一多曾评价《帝京篇》说:"洋洋洒洒的宏篇巨作,为宫体诗的一个巨变。仅仅篇幅大没有什么,要紧的是背面有厚积的力量撑持着。这力量是前人谓之气势,其实就是感情。所以卢(照邻)、骆(宾王)的来到,能使人麻痹了百余年的心灵复活。有感情,所以卢、骆的作品,正如杜甫所预言的,'不废江河万古流'。"

骆宾王的诗歌多寄托着他个人的情感。《在狱咏蝉》:"西陆蝉声唱,南冠客思侵。不堪玄鬓影,来对白头吟。露重飞难进,风多响易沉。无人信高洁,谁为表予心。"骆宾王遭到诬陷,身陷囹圄,以蝉寓己,托物言志,表白自己的高洁和被诬陷的冤屈。骆宾王《在狱咏蝉》与虞世南《蝉》、李商隐《蝉》并称咏蝉三绝,虞世南《蝉》:"垂緌饮清露,流响出疏桐。居高声自远,非是藉秋风。"李商隐《蝉》:"本以高难饱,徒劳恨费声。五更疏欲断,一树碧无情。薄宦梗犹泛,故园芜已平。烦君最相警,我亦举家清。"同为咏蝉之作,由于作者的个人遭际不同,抒发的情感就不同。虞世南诗清华雍

容,骆宾王诗悲愤沉痛,李商隐诗牢骚满腹。骆宾王的《易水送别》"此地别燕丹,壮士发冲冠。昔时人已没,今日水犹寒"歌咏荆轲,亦可见出骆宾王的壮志豪情。

杨炯

杨炯,年幼"聪敏博学,善属文",为人恃才简倨,故不容于时。但他有立功边塞的理想,其名作《从军行》中道"宁为百夫长,胜作一书生",抒发了他投笔从戎的豪情,慷慨激昂。

卢照邻

卢照邻,字升之,自号幽忧子。自幼"阅礼而闻诗",博学善文,其《长安古意》"节物风光不相待,桑田碧海须臾改。昔时金阶白玉堂,即今唯见青松在。寂寂寥寥扬子居,年年岁岁一床书。独有南山桂花发,飞来飞去袭人裾"写繁华易逝,寄托了作者对人生的深刻思索。这种思索与古人立德、立功、立言的"三不朽"的追求是一脉相承的。

四杰在唐诗发展史上有重要意义,在诗风方面,他们反对绮丽华艳,追求刚健气骨。虽偶有六朝锦色,但已初步转变了初唐浮艳纤弱的诗风。四杰拓宽了唐诗的领域,使唐诗走向市井人生,走向了广阔的江山塞漠。王勃高华,杨炯雄厚,照邻清藻,宾王坦易,他们的诗作注重抒发一己情怀,气势壮阔,骨力雄健,高情壮思,有抑扬天地之心;雄笔奇才,有鼓怒风

云之气。

二、陈子昂

陈子昂,字伯玉。因曾担任右拾遗,又称陈拾遗。早年不喜欢读书,任侠尚气、射猎博戏,后入乡校感悔,开始勤学苦读,精穷坟典。陈子昂初入长安时,默默无闻。有一天他发现有人在卖价值百万的胡琴,众人围观,却无一人能识得此胡琴。子昂就花重金买下,并对周围的人说自己擅长演奏胡琴,众人皆很好奇,陈子昂便邀请大家第二天到宣阳里听自己演奏。第二天陈子昂等众人到来之后,用美酒佳肴款待大家,众人酒足饭饱,陈子昂就捧着胡琴悲愤地对大家说:"蜀人陈子昂,有文百轴,驰走京毂,碌碌尘土,不为人知。此乐贱工之役,岂宜留心。"然后把胡琴摔碎了,把自己的文稿遍赠围观者。一天之内,陈子昂名满京城。伯玉碎琴的故事体现出了陈子昂豪放不羁的个性。

陈子昂使初唐诗风复归雅正,京兆司功王适读了陈子昂的《感遇诗》后,赞叹陈子昂必为天下文宗。陈子昂在《修竹篇》序中提出了他的诗歌理论,他反对齐梁以来的浮靡华艳的文风,倡导汉魏风骨、风雅兴寄,赞美骨气端翔,音情顿挫,光英朗练,有金石声的诗歌,既重视风骨兴寄,有充实刚健的内容,又注重形式之美,代表了唐诗革新的方向。陈子昂是由初唐向盛唐诗风变革的重要人物。

诗如其人,陈子昂性情豪迈,其诗歌亦峥嵘苍劲,慷慨豪放,雄浑刚健,继承了建安风骨。他作诗喜欢用比兴寄托。《感遇》是组诗,共三十八首,受阮籍《咏怀》的影响。其第二首写道:"兰若生春夏,芊蔚何青青。幽独空林色,朱蕤冒紫茎。迟迟白日晚,袅袅秋风生。岁华尽摇落,芳意竟何成!"全诗继承《楚辞》香草美人比兴寄托的手法,借咏兰若托物以言志,抒发青春易逝、壮志难酬的悲愤,诗风沉郁凄婉、含蓄蕴藉。同样是借咏物以抒怀,张九龄《感遇》十二首其一抒发的情感却截然不同,"兰叶春葳蕤,桂华秋皎洁。欣欣此生意,自尔为佳节。谁知林栖者,闻风坐相悦。草木有本心,何求美人折"恬淡超然,属清贵高华气象。

幽州台是燕昭王为招纳贤才所建,诗人登临怀古,写下《登幽州台歌》:"前不见古人,后不见来者。念天地之悠悠,独怆然而涕下。"天地悠悠,历史苍茫,个体是如此渺小无奈,诗歌怀古伤今,抒发了自己生不逢时、空怀壮志、世无知音的忧愤孤独,令人仰天长叹,怆然涕下。

对于陈子昂在唐诗史上的贡献,人们给予了很高的评价。卢藏用说:"横制颓波,天下翕然,质文一变。"元好问说:"沈宋横驰翰墨场,风流初不废齐梁。论功若准平吴例,合著黄金铸子昂。"他们认为陈子昂对初唐诗风革新的作用可以和

平吴的范蠡相比。韩愈肯定他:"国朝盛文章,子昂始高蹈。"刘克庄盛赞:"唐初王、杨、沈、宋擅名,然不脱齐梁之体,独陈拾遗首倡高雅冲淡之音,一扫六代之纤弱,趋于黄初、建安矣。"他们都指出了陈子昂在唐代诗风变革方面的重要地位。

三、张若虚

与四杰类似,刘希夷与张若虚诗中也有对宇宙永恒、人生短暂的感慨。

刘希夷曾作《代悲白头翁》。《唐才子传》记载,刘希夷写出"今年花落颜色改,明年花开复谁在"后自己感叹,"此语谶也。石崇谓'白首同所归',复何以异",就去掉了这句。后面又吟出:"年年岁岁花相似,岁岁年年人不同。"遂感慨"死生有命,岂由此虚言乎",就把这两句都保存了下来。其舅宋之问非常喜欢后一句,知道刘希夷尚未告诉别人,就请求把此句让给自己,刘希夷答应了,但最后没有让给宋之问。宋之问恼羞成怒,就让奴仆以土囊压杀了刘希夷。

刘希夷对生命的感慨沉郁忧伤,而张若虚《春江花月夜》中对生命的感慨则更旷达洒脱。张若虚是扬州人,与贺知章、包融、张旭等吴越文士俱以文词俊秀扬名京师,合称"吴中四士"。其诗《全唐诗》仅存两首,一为《代答闺梦还》,一为《春江花月夜》。《春江花月夜》原为宫体诗的旧题,用《西洲》格调,孤篇横绝,竟为大家。闻一多《宫体诗的自赎》中誉之为"诗中的诗,顶峰上的顶峰"。《春江花月夜》描写了春江花月夜的良辰美景,表达了对宇宙人生的哲理思索,抒发了人世间游子思妇相思离别之情,融写景抒情哲思于一炉,写景空明澄澈,抒情真挚缠绵,说理启人深思,最后"落月摇情满江树"以景结情,含蓄不尽,余韵悠长。

诗中对宇宙人生的感悟令人击节,"江畔何人初见月?江月何年初照人?人生代代无穷已,江月年年望相似"。自然永恒,宇宙无情,个体的生命虽然短暂,但代代延续亦可无穷无尽。张若虚对人生的感慨并不流于忧伤,而是展现出乐观昂扬的情调。

第二节　山水田园诗派

盛唐时期,社会的安定、经济的富庶为文人隐居田园、流连山水提供了保障。唐代重视佛家、道家思想,文人可以通过隐逸而入仕,鼓励了很多文人享受山林之乐。从诗歌的发展来看,《诗经》《楚辞》中有描写山水的片段,曹操《观沧海》是最早的完整的山水诗,魏晋乱世隐逸之风盛行,玄学崇尚自然,文人欣赏田园山水之美,从山水中感悟哲理,"山水以

形媚道"(宗炳《画山水序》),出现了陶渊明的田园诗,谢灵运、谢朓等人的山水诗。盛唐时期,王维、孟浩然、裴迪、储光羲、常建等人在学习陶渊明、谢灵运的基础上,创作了大量优美的山水田园诗,诗中人与自然融为一体,清新宁静、明丽秀雅。

一、王维

王维早期积极进取,诗歌多慷慨激昂,意气闳放,境界雄浑。《少年行四首》中"孰知不向边庭苦,纵死犹闻侠骨香"豪气纵横。《观猎》:"风劲角弓鸣,将军猎渭城。草枯鹰眼疾,雪尽马蹄轻。忽过新丰市,还归细柳营。回看射雕处,千里暮云平。"起句先声夺人,结句景中含情,不仅写出苍茫壮阔的景象,也写出了将军豪迈的胸襟和一切尽在掌控、傲视天地之间的志得意满,境界开阔高远。

王维的《使至塞上》中"大漠孤烟直,长河落日圆"一联,雄浑壮阔,被王国维称为"千古壮观"之句。《红楼梦》第四十八回香菱学诗说:"烟如何直?日自然是圆的。这'直'字似无理,'圆'字似太俗。要说再找两个字换这两个,竟再找不出两个字来。""诗的好处,有口里说不出来的意思,想去却是逼真的;有似乎无理的,想去竟是有理有情的。""还有'渡头余落日,墟里上孤烟',这'余'字和'上'字,难为他怎么想来！我们那年上京来，那日下晚便湾住船，岸上又没有人，只有几棵树，远远的几家人家做晚饭，那个烟竟是碧青，连云直上。谁知我昨日晚上读了这两句，倒像我又到了那个地方去了。"香菱说出了王维诗歌用字精练、生动形象的特点。同样是写落日与孤烟，"大漠孤烟直，长河落日圆"壮观苍莽，"渡头余落日，墟里上孤烟"恬淡悠远。

王维的送别诗也非常出色，《送元二使安西》："渭城朝雨浥轻尘，客舍青青柳色新。劝君更尽一杯酒，西出阳关无故人。"依依惜别，情深意长，用质朴的话写出了人人意中所有，却从未有人道过的情感。所以一经写出，便引起了人们广泛地共鸣，被谱成乐曲《阳关三叠》后更是广为传唱。

各种艺术门类是相通的，苏轼在《东坡志林》中说："味摩诘之诗，诗中有画；观摩诘之画，画中有诗。"王维擅长诗文，亦兼擅书画，王维的书画参于造化，臻于妙境；他还精通音律，据说有人得到一幅《奏乐图》的画，不知其名。王维看了之后说，这是在演奏《霓裳》第三节第一拍。大家不相信，于是有好事者召集乐工按照图中所画的手法去演奏，果真如王维所言，大家都对王维非常佩服。王维把对书画和音乐的感悟融汇到山水诗的创作中，使诗歌富有画意，音韵和谐。《冬晚对雪忆胡居士家》："隔牖风惊竹，开门雪满山。洒空深巷静，积素广庭闲。"王维从听觉视觉方面入手，让读者有身

临其境之感。此四句是从陶渊明"倾耳无希声,在目皓已洁"的诗句化出,写出了雪的轻白虚洁。古今绘雪名句,除陶渊明、王维诗之外,还有羊孚、祖咏、韦应物的诗句。羊孚《雪赞》:"资清以化,乘气以霏。遇象能鲜,即洁成辉。"凭清冷幻化成形,乘云气纷纷扬扬,遇物象显其鲜丽,触高洁则生辉,精炼生动。祖咏《终南山望余雪诗》"林表明霁色,城中增暮寒",写出了化雪后人们会感到更加寒冷的感受。韦应物《休假日访王侍御不遇》"怪来诗思清人骨,门对寒流雪满山"赞美友人诗思清澈,居处清幽。

王维的山水诗喜欢用青、白等淡雅的色彩。《送邢桂州》:"日落江湖白,潮来天地青。"《过香积寺》:"泉声咽危石,日色冷青松。"《山中》:"荆溪白石出,天寒红叶稀。山路元无雨,空翠湿人衣。"《终南山》:"白云回望合,青霭入看无。分野中峰变,阴晴众壑殊。"王维擅长描写山水的清幽宁静之美。《山居秋暝》:"空山新雨后,天气晚来秋。明月松间照,清泉石上流。竹喧归浣女,莲动下渔舟。随意春芳歇,王孙自可留。"颔联以动写静,月华如水倾泻于松林间,石上清泉淙淙流淌,更显示出山林的幽静;颈联写山中人物生活之乐,让诗人产生了隐居山林之想。《楚辞·招隐士》中有"王孙游兮不归,春草生兮萋萋""王孙兮归来,山中兮不可久留"。本诗反其意而用之,说即便春芳已消歇,但秋天的山林更加美好，自可于此隐居逍遥。

禅宗六祖慧能生于贞观十二年（638年），坐化于先天二年（713年）。王维生于大足元年（701年），正是禅宗兴盛之际。六祖慧能的偈语"菩提本无树，明镜亦非台。本来无一物，何处惹尘埃"，弘扬见性成佛，明心见性，我心即佛，指出佛性人人皆有，可顿悟成佛。这和庄子的心斋坐忘有相通之处。"堕肢体，黜聪明，离形去知，同于大通，此谓坐忘"；"一若志，无听之以耳，而听之以心，无听之以心，而听之以气，听止于耳，心止于符；气也者，虚而待物者也，唯道集虚，虚者，心斋也。"禅宗重心灵的感悟，拈花微笑，以心传心，心领神会，心心相印。禅宗讲"饥则吃饭，困则打眠，寒则向火，热则乘凉"，从日常生活中体会禅理。"青青翠竹，尽是真如；郁郁黄花，无非般若"，般若是梵语音译，意指终极智慧、辨识智慧，指从自然景物中感悟禅意。

王维母亲崔氏虔诚地信奉佛教，曾师事大照禅师三十余年，褐衣蔬食，持戒安禅，乐住山林，志求寂静。受其母影响，王维也信奉佛教。王维，字摩诘，号摩诘居士，维摩经本是佛教中的居士之名。王维早年也有强烈的用世之志，但安史之乱中被迫出任伪职，虽因写有《凝碧诗》"万户伤心生野烟，百官何日再朝天？秋槐花落空宫里，凝碧池头奏管弦"被唐肃宗赞许，在安史之乱平定后，没有被定罪。但这段遭际却让

王维勘破世事，之后过着亦官亦隐的生活，"晚年惟好静，万事不关心""斋中无所有，唯茶铛、药臼、经案、绳床而已。退朝之后，焚香独坐，以禅诵为事"。其后期的诗歌多蕴含佛理禅趣，具有空灵意境。所以王维有诗佛之誉。禅宗有三境界，第一境"落叶满空山，何处寻行迹"，喻指寻禅不得；第二境"空山无人，水流花开"，喻指静心谛视，由自然感悟禅理；第三境"万古长空，一朝风月"，喻指破除我执、了悟空性的顿悟境界。王维富有禅理禅趣的山水诗属于第二境界，通过自然山水感悟澄明空寂之境。

辋川在陕西蓝田县，靠近长安。王维购得原宋之问的辋川别业，与裴迪常在此游赏，写有《辋川集》。其中的《鹿柴》《竹里馆》《辛夷坞》等都描绘了王维追求的空闲静寂的境界。《鹿柴》诗云："空山不见人，但闻人语响。返景入深林，复照青苔上。"《竹里馆》："独坐幽篁里，弹琴复长啸。深林人不知，明月来相照。"空寂超然、优游自得。《辛夷坞》："木末芙蓉花，山中发红萼。涧户寂无人，纷纷开且落。"在幽寂的山涧中，辛夷自开自落、自生自灭。同是借咏物以咏怀，陈子昂"岁华尽摇落，芳意竟何成"，希望得到君主的赏识，岁华芳意需人欣赏；张九龄"草木有本心，何求美人折"孤傲高洁，追求本心；王维的《辛夷坞》则不但不需外界的欣赏肯定，甚至连自身的生灭界限都已泯灭，一任自然。刘宏煦说:"摩诘深于禅,此是心无挂碍境界。虽在世中,脱然世外,令人动海上三山之想。"胡应麟《诗薮》说读之"身世两忘,万念皆寂"。《终南别业》有"行到水穷处,坐看云起时",兴之所至,独自信步,自由自在,云无心以出岫,坐看云起,超然闲适,宁静空灵。

二、孟浩然

孟浩然早年隐居鹿门山,鹿门山是东汉庞公栖隐之处。孟浩然四十岁时来到京都长安,秋月新霁,众名士赋诗联句,孟浩然曰:"微云淡河汉,疏雨滴梧桐。"他用衬托的方法,写出了清幽静谧的夜景,同时体现出诗人宁静悠然的心境。众人皆钦服其清绝。张九龄、王维都对孟浩然非常欣赏,王维曾私自邀请孟浩然入内署,不久玄宗突然到来,孟浩然赶忙藏在床下,王维不敢隐瞒,据实以告。玄宗大喜,让孟浩然出见,询问他近来作的诗。孟浩然就吟诵了他的《岁暮归南山》,当吟到"不才明主弃"时,玄宗大怒"卿不求仕,而朕未尝弃卿,奈何诬我",令其还乡。韩朝宗喜欢提拔后进,李白《与韩荆州书》有"生生不用封万户侯,但愿一识韩荆州"之句。韩朝宗曾约浩然一起赴京师,想要举荐他。恰好孟浩然故人来访,孟浩然与故人畅饮甚欢,有人劝他说与韩朝宗约好了,孟浩然呵斥说,已经喝酒了,怎么会顾及其他。最终也没有赴韩

朝宗之约,并且事后也毫不后悔。

李白《赠孟浩然》道:"吾爱孟夫子,风流天下闻。红颜弃轩冕,白首卧松云。"赞扬孟浩然是蔑视功名利禄的淡泊高洁之人。孟浩然并非不愿出仕,他也怀有用世之情。其《临洞庭湖赠张丞相》就是一首干谒诗。"欲济无舟楫,端居耻圣明。坐观垂钓者,徒有羡鱼情。"虽渴望张丞相援引,但写得委婉含蓄,不卑不亢,没有丝毫的奴颜媚骨。"气蒸云梦泽,波撼岳阳城"一联,雄浑壮阔,慷慨激昂,豪情满怀,气象雄张,是体现盛唐气象的佳句。同样是写洞庭湖水,杜甫《登岳阳楼》有"吴楚东南坼,乾坤日夜浮"之语,联系杜甫创作《登岳阳楼》的时代背景和个人遭际,可感受到"坼"和"浮"字写出了李唐王朝国势的动荡浮沉,有衰飒气象。

孟浩然的山水田园诗,继承了陶渊明平淡自然的风格,平淡清雅,浑融自然。闻一多《唐诗杂论·孟浩然》中评价说:"孟浩然不是将诗紧紧地筑在一联或一句里,而是将它冲淡了,平均地分散在全篇中""淡到看不见诗了,才是真正孟浩然的诗""孟浩然几曾做过诗?他只是谈话而已。甚至要紧的还不是那些话,而是谈话人的那副风神散朗的姿态"。

《春晓》:"春眠不觉晓,处处闻啼鸟。夜来风雨声,花落知多少。"与李清照《如梦令》"昨夜雨疏风骤,浓睡不消残酒。试问卷帘人,却道海棠依旧。知否,知否?应是绿肥红瘦"相对照,可以看出孟浩然虽也惜春,但展现更多的是盛唐文人所具有的明朗旷达的情怀。《过故人庄》"故人具鸡黍,邀我至田家。绿树村边合,青山郭外斜。开筵面场圃,把酒话桑麻。待到重阳日,还来就菊花"则如闲话家常,娓娓道来,但诗意盎然。

第三节　边塞诗派

盛唐出现了边塞诗派,以高适、岑参为代表,又称高岑诗派。诗风壮阔雄浑,颇能体现盛唐士人豪迈阔达、积极进取的襟怀。

一、高适

高适,字达夫。喜言王霸大业,以功名自许。早年落魄,混迹渔樵,曾做过封丘尉,因不堪"拜迎长官心欲碎,鞭挞黎庶令人悲"的屈辱,愤而辞官。后任散骑常侍,封渤海县侯。《旧唐书·高适传》说,唐代诗人中仕途显达的只有高适一人而已。而高适的优秀作品都是在遭遇坎坷的时候写成的。古代的文人大多仕途偃蹇,历经磨难,对社会人生有深刻的体悟,方能写出深刻的作品。欧阳修的"诗穷而后工"即是此理。

高适还曾与李白、杜甫在汴州（开封）相会，酒酣后登吹台，慷慨悲歌，临风怀古，唱和颇多，是文人雅集的佳话。

高适志气闳放，笔力雄健，壮心落落，抱瑜握瑾，浮沉闾巷之间。《塞下曲》"万里不惜死，一朝得成功。画图麒麟阁，入朝明光宫"洋溢着盛唐文人普遍具有的豪情壮志。他边塞诗的代表作《燕歌行》"战士军前半死生，美人帐下犹歌舞""君不见沙场征战苦，至今犹忆李将军"以如椽巨笔，把对边塞的种种复杂的感慨都囊括在内，有保家卫国勇赴国难的爱国之情，有对昏庸无能、只知享乐的将领的不满，有对残酷战争的强烈怨恨，有对家乡家人的苦苦思念，有对英勇善战体恤士卒的将领的期盼。全诗直举胸臆，风骨凛然，雄浑沉郁，慷慨悲壮。

高适的送别诗也写得豪气纵横，《别董大》"千里黄云白日曛，北风吹雁雪纷纷。莫愁前路无知己，天下谁人不识君"豪壮之语，足见诗人阔达襟怀。

二、岑参

岑参曾为嘉州刺史，所以又称岑嘉州。岑参多次佐戎幕，十余年往来鞍马烽尘间，诗歌写尽征行离别之情和幽致孤秀之景。与高适不同，岑参擅于将边塞的雄奇壮美风光融入诗中，诗风明朗豪迈，具壮伟奇丽格调。高适诗尚质主理，岑参诗尚巧主景，语奇体俊，意亦奇造，富有浓郁的浪漫色彩。《白雪歌送武判官归京》中"忽如一夜春风来，千树万树梨花开"视角独特，想象新颖，用梨花喻雪花，把严冬写得春意盎然，体现出了不畏苦寒的积极乐观的情怀。

岑参诗歌用韵也追求新奇，《走马川行奉送封大夫出师西征》与常见的两句一押韵的婉转舒缓的诗歌不同，此诗句句用韵，三句一转，节奏急切有力，显示出军情紧急，将士们连夜行军，欲早日杀敌报国的豪情。"平沙莽莽黄入天。轮台九月风夜吼，一川碎石大如斗，随风满地石乱走。""马毛带雪汗气蒸，五花连钱旋作冰，幕中草檄砚水凝。"用反衬、比喻、夸张等手法，写出了出征将士不畏严寒、军纪严明、军威雄壮。

三、其他边塞诗人

除高适岑参外，盛唐边塞诗派的作家还有李颀、王翰、王昌龄、王之涣、崔颢等人。李颀《古从军行》写士卒的劳苦、边塞生活的艰辛和归乡的无望。"闻道玉门犹被遮，应将性命逐轻车"化用汉武帝典故，暗讽将士命运的悲凉凄惨。《史记·大宛传》载，汉武帝曾命李广利攻大宛，攻战不利，李广力请罢兵，武帝大怒，遮断玉门关，下令说军有敢入者，辄斩之！"年年战骨埋荒外，空见蒲桃入汉家"辛辣地讽刺了统治

者穷兵黩武的荒唐行径，凄怆苍凉。

王翰，字子羽，豪放不羁，常发言立意，自比王侯。其《凉州词二首》其一："葡萄美酒夜光杯，欲饮琵琶马上催。醉卧沙场君莫笑，古来征战几人回？"情辞豪放悲壮，放歌纵酒，置生死于度外。前人对此诗的理解见仁见智，有人认为表达对战争的怨恨，"作旷达语，倍觉悲痛"；有人则认为是豪迈旷达，"作悲伤语读便浅，作谐谑语读便妙，在学人领悟"。知人论世，联系盛唐的时代精神、盛唐文人的昂扬奔放、积极自信和王翰的放达不羁的性情，此诗作豪放语解可能更贴近诗人的本意。

王昌龄，被誉为"七绝圣手""诗家夫子"。他擅长七言绝句，诗风缜密而思清，其七绝与李白并称，王世贞认为王昌龄和李白的七言绝句俱是神品。叶燮也说，七言绝句，古今推李白、王昌龄。李白俊爽，王昌龄含蓄。王昌龄的边塞诗构思新巧，浑厚苍凉，清刚悲壮。《出塞》其一："秦时明月汉时关，万里长征人未还。但使龙城飞将在，不教胡马度阴山。"此诗抒发的是边塞诗中惯见的对惨烈战争的怨恨、对捐躯戍卒的同情、对无能将领的批判和渴望保家卫国的豪情。明月边关本是边塞诗常见的意象，此诗好在"秦"和"汉"两个时间定语，举重若轻地把秦汉以来的所有边塞战争都囊括在内，赋予了诗歌厚重的时空感。明代后七子领袖李攀龙评此诗为唐人七绝压卷之作。诸家对于唐代七绝各有所好，对于何为压卷之作，众说纷纭。李攀龙推王昌龄"秦时明月"，王元美推王翰"葡萄美酒"，王渔洋则认为："以求压卷，王维之'渭城'、李白之'白帝'、王昌龄之'奉帚平明'、王之涣之'黄河远上'，其庶几乎！而终唐之世，绝句亦无出此四章之右者矣。"

《全唐诗》仅收录王之涣诗六首。《登鹳雀楼》《凉州词》皆为名作。《唐才子传》《集异记》中都有关于《凉州词》的"旗亭画壁"的故事。王之涣少有侠气，喜欢击剑纵酒悲歌，他的诗歌一旦写成，就被乐工配上音乐传唱。一日天寒微雪，他和王昌龄、高适一起到旗亭酒楼饮酒。后来有梨园伶官也来酒楼欢宴。三位诗人私下相约，平时三人未分高下，可依伶官唱诗为据，唱谁之诗最多谁就胜出。第一位伶官唱的是王昌龄的《芙蓉楼送辛渐二首其一》（寒雨连江夜入吴），王昌龄高兴地在酒楼墙壁画一记号；第二位唱的是高适的《哭单父梁九少府》，高适也在酒楼墙壁画一记号；第三位唱的是王昌龄的《长信秋词五首其三》（奉帚平明金殿开），王昌龄又在酒楼墙壁画一记号。王之涣就对王昌龄和高适说，乐人所唱皆下里巴人之词，又指着众伶官中最佳者说，如果她唱的不是自己的诗，就终身不敢与王昌龄、高适争衡。那位伶官所唱便是《凉州词》（黄河远上白云间），三位诗人听罢放声大笑。诸伶官得知眼前三人即是名满天下的大诗人时，就邀请他们入席，

大家酣醉终日。可见在唐代,唐诗多能配乐歌唱,深受大家的喜爱。

崔颢曾一窥塞垣,亦有戎旅之作,风骨凛然。但他最著名的并非边塞诗,他曾赋《黄鹤楼》:"昔人已乘黄鹤去,此地空余黄鹤楼。黄鹤一去不复返,白云千载空悠悠。晴川历历汉阳树,芳草萋萋鹦鹉洲。日暮乡关何处是,烟波江上使人愁。"据《唐才子传》记载,李白对此诗佩服有加,为之搁笔,"眼前有景道不得,崔颢题诗在上头"。李白的《登金陵凤凰台》《鹦鹉洲》皆是模拟此诗。孔尚任遂将黄鹤楼东的小亭命为"搁笔亭"。严羽《沧浪诗话》认为,唐人的七言律诗应当以崔颢《黄鹤楼》为第一。本诗蕴含深广,首先抒发了人去楼空、物是人非的历史沧桑感,前四句抵王勃一首《滕王阁序》;然后借景抒情,抒发了对狂傲不羁的祢衡的认同感和潦倒时的思乡感。文人大多仕途坎坷,这类情感很容易引起后世失意文人的共鸣。此诗不囿于格律的局限,以立意取胜。沈德潜评曰:"意得象先,神行语外,纵笔写去,遂擅千古之奇。"确如《红楼梦》中黛玉所言,"若是果有了奇句,连平仄虚实不对都使得的"。

第四节　盛唐诗坛

李白的自信自负、傲岸不羁最能体现盛唐蓬勃昂扬的精神，李白飘逸豪放的诗歌是盛唐气象的最佳代表。

一、盛唐气象

"盛唐气象"一说源自严羽。严羽《沧浪诗话》："'迎旦东风骑蹇驴'，决非盛唐人气象。""盛唐诸公之诗，如颜鲁公书，既笔力雄壮，又气象浑厚。"笔力雄壮、气象浑厚的盛唐诗歌方具盛唐气象。如王之涣《登鹳雀楼》"欲穷千里目，更上一层楼"，李白《庐山谣寄卢侍御虚舟》"登高壮观天地间，大江茫茫去不还"，李白《宣州谢朓楼饯别校书叔云》"俱怀逸兴壮思飞，欲上青天揽明月"，杜甫《望岳》"会当凌绝顶，一览众山小"，高适《别董大》"莫愁前路无知己，天下谁人不识君"都是富有盛唐气象的诗句。

胡应麟曾把盛唐气象与中唐、晚唐的诗风相对比，认为盛唐句如"海日生残夜，江春入旧年"，中唐句如"风兼残雪起，河带断冰流"，晚唐句如"鸡声茅店月，人迹板桥霜"，皆形容景物，妙绝千古，而盛、中、晚界限断然，故知文章

关气运,非人力。"海日生残夜,江春入旧年"出自王湾《次北固山下》,写出了李唐王朝蒸蒸日上的国力,体现了盛唐气象。据说张燕公对此句极为喜爱,曾亲手题写并悬于政事堂,作为为文的楷式。"风兼残雪起,河带断冰流"有动荡不宁之感,出自中唐于良史《冬日野望寄李赞府》;"鸡声茅店月,人迹板桥霜"有凄清寒意,出自晚唐温庭筠《商山早行》。诗句都能体现出各自的时代风貌。

盛唐文人个性自由,或关心时政,渴望建功立业;或寄情山水田园,充满淡泊洒脱意趣。盛唐诗坛有两大重要的流派:山水田园诗派和边塞诗派。盛唐的山水田园诗、边塞诗,尤其是李白诗,都能体现盛唐的时代精神,皆具盛唐气象。

二、李白

李白,字太白,因其出生时其母梦见太白金星,所以为他取名为白,字太白。李白在蜀地长大,蜀地人杰地灵,多文人学士。司马相如、严君平、王褒、扬雄、陈子昂都是蜀人。李白自称"五岁诵六甲,十岁观百家""常横经籍书,制作不倦"(《上安州裴长史书》),"十五观奇书,作赋凌相如"(《赠张相镐》),早年博览全书,有四方之志。蜀中道教氛围浓郁,张道陵于蜀地创立五斗米教,李白深受道家道教思想影响。《题嵩山逸人元丹丘山居》云:"家本紫云山,道风未沦落。沉怀丹丘志,冲赏归寂寞。"《感兴》其五又云:"十五游神仙,仙游未曾歇。"

十八岁时隐居于大匡山向赵蕤学纵横术,喜谈王霸之道,有纵横家思想影响的痕迹。他在《赠从兄襄阳少府皓》中说:"结发未识事,所交尽豪雄……托身白刃里,杀人红尘中。"李白约十分之一的诗歌中提到剑。《唐故翰林学士李君碣记》评价他:"少任侠,不事产业,名闻京师。"李白喜好神仙剑术和任侠,豪放侠义、飘逸洒脱、慷慨自负,不拘常调,气度恢宏。

二十四岁时,李白从峨眉山东下渝州,写下了《峨眉山月歌》:"峨眉山月半轮秋,影入平羌江水流。夜发清溪向三峡,思君不见下渝州。"诗中连用了峨眉山、平羌江、清溪、三峡、渝州五个地名,却无堆砌之感,构思精巧,把明月拟人化,意境空灵。之后李白仗剑去国,辞亲远游,过荆门,写下了《渡荆门送别》:"渡远荆门外,来从楚国游。山随平野尽,江入大荒流。月下飞天镜,云生结海楼。仍怜故乡水,万里送行舟。""山随平野尽,江入大荒流"与杜甫的"星垂平野阔,月涌大江流",都是意境高远、雄浑壮阔的句子,包举宇宙气象。不同之处在于李白写的是白天的景色,杜甫写的是夜晚的景色;李白是行舟暂视,杜甫是停舟细观。李白后游洞庭、庐山、金陵、扬州、越中、江夏,因向往司马相如《子虚赋》

中描绘的云梦古泽,前往安州,后娶安陆郡公许圉师的孙女为妻,定居安陆。然后酒隐安陆达十年之久。在此十年间,他曾到各地漫游干谒,曾与孟浩然交游,曾向裴长史、韩朝宗上书自荐,"高冠佩雄剑,长揖韩荆州"(《忆襄阳旧游赠马少府巨》),曾西入长安,受到贺知章的欣赏,贺知章读了李白《蜀道难》后赞叹李白为谪仙人,是天上太白金星下凡,对李白的才华极为欣赏。李白离开长安后曾移家东鲁,与孔巢父、韩准、裴政、张叔明、陶沔在徂徕山下的竹溪隐居,啸傲酣歌,"时时或乘兴,往往云无心"。世称他们为"竹溪六逸"。

或许由于道士吴筠的荐举,天宝元年(742年),玄宗征召李白入京供奉翰林。李白志得意满,"仰天大笑出门去,我辈岂是蓬蒿人!"(《南陵别儿童入京》)玄宗对李白非常重视,从辇车上下来步行亲自迎接李白,把李白视作商山绮皓那样的世外高隐。用七宝床赐食,御手为李白调羹。李白《驾去温泉后赠杨山人》中也说:"一朝君王垂拂拭,剖心输丹雪胸臆。忽蒙白日回景光,直上青云生羽翼。"李白渴望建功立业,但玄宗皇帝耽于享乐,只想借李白诗歌来点缀升平。李白傲岸不羁的性格遭到权臣的诋毁,"楚国青蝇何太多?连城白璧遭谗毁"(《鞠歌行》)。天宝三载(744年),李白无奈离开了长安。

李白离开长安后再次漫游,在洛阳,写了《梁园吟》:"东

第四章 开放包容与唐代文学

山高卧时起来,欲济苍生未应晚。"此时,他仍充满了强烈的自信。在洛阳与杜甫结下了深厚友谊。李白比杜甫年长十一岁,两人一见如故,"醉眠秋共被,携手日同行"(杜甫《与李十二白同寻范十隐居》),后又相约在梁宋同游,在梁宋还遇到了高适。三人登临怀古,纵酒酣歌。李白还和杜甫一起去济州拜访李邕,又到齐州紫极宫受道箓,正式入道。他还曾南游吴越,写下《梦游天姥吟留别》:"安能摧眉折腰事权贵,使我不得开心颜!"在《将进酒》中他豪迈地宣称:"天生我材必有用,千金散尽还复来。"安史之乱爆发后,李白到过当涂、剡中、金陵,后隐居于庐山屏风叠。永王军队经九江时,李白毅然投入永王幕,作组诗《永王东巡歌》,"但用东山谢安石,为君谈笑净胡沙",以淝水之战中的谢安自比,抒发慷慨报国之情。

肃宗以叛乱罪讨伐永王李璘,李白受牵连入狱,流放夜郎。后遇赦放还,写下《早发白

清 苏六朋 太白醉酒图轴

清　石涛　太白诗意山水图轴

帝城》"朝辞白帝彩云间,千里江陵一日还。两岸猿声啼不住,轻舟已过万重山",表达了他的欣喜之情。即便到了暮年,李白仍志在报国,听闻李光弼出征,李白请缨杀敌,后因病投奔族叔李阳冰,赋《临终歌》后辞世。《临终歌》:"大鹏飞兮振八裔,中天摧兮力不济。余风激兮万世,游扶桑兮挂左袂。后人得之传此,仲尼亡兮谁为出涕?"李白受庄子《逍遥游》影响,常以大鹏自比。李白曾有《大鹏赋》,亦有《上李邕》:"大鹏一日同风起,扶摇直上九万里。假令风歇时下来,犹能簸却沧溟水。"《临终歌》充满了对人生的眷恋和壮志未酬的悲愤。王琦评曰:"诗意谓西狩获麟,孔子见之而出涕。今大鹏摧于中天,时无孔子,遂无人为之出涕者,喻己之不遇于时,而无人为之隐惜。太白尝作《大鹏赋》,实以自喻,兹于临终作歌,复借大鹏以寓言耳。"

李白思想中儒家、道家、纵横、任侠思想融合,渴望建功立业然后功成身退。《代寿山答孟少府移文书》曰:"申管晏之谈,谋帝王之术,奋其智能,愿为辅弼。使寰区大定,海县清一。事君之道成,荣亲之义毕,然后与陶朱、留侯,浮五湖,戏沧洲,不足为难矣。"《东武吟》曰:"方希佐明主,长揖辞成功。"《侠客行》:"事了拂衣去,深藏身与名。"《驾去温泉后赠杨山人》:"待吾尽节报明主,然后相携卧白云。"受盛唐时代精神的影响,李白一直昂扬向上,有着非凡的自信甚至自负,有强烈的建功立业的渴望,他耻于参加常规的科举考试,幻想着平交王侯、立抵卿相,渴望济苍生、安社稷。他向往的是姜太公、鲁仲连、范蠡、诸葛亮、谢安等人。他的傲岸不羁、飘逸洒脱,他对自然山水的热爱都是受道家思想影响的结果。《唐才子传》记载,李白欲登华山,乘醉骑驴经过县治,县宰大怒责问是何人如此无礼,李白的供状没有写姓名,只写道:"曾令龙巾拭吐,御手调羹,贵妃捧砚,力士脱靴。天子门前,尚容走马;华阴县里,不得骑驴。"县宰看后惊愧,赶忙谢罪。至于他那"戏万乘若僚友,视俦列如草芥"(苏轼《李太白碑阴记》),"五岳寻仙不辞远,一生好入名山游"

（李白《庐山谣寄卢侍御虚舟》）更是深受道家影响。龚自珍《丛录李白集》中说："庄、屈实二，不可以并。并之以为心，自白始。儒、仙、侠实三，不可以合。合之以为气，又以白之始也。"

妙笔生花的典故源于李白。据《开元天宝遗事》记载，李白少年时，曾梦见所用之笔头上生花，后来天才赡逸，名闻天下。李白的古诗豪放飘逸，英气勃发，《唐宋诗醇》："白诗天才纵逸，至于七言长古，往往风雨争飞，鱼龙百变，又如大江无风，波浪自涌，白云从空，随风变灭，诚可谓怪伟奇崛者矣。"李白的律绝风神俊逸，行云流水。唐文宗曾封李白诗、裴旻剑舞、张旭草书为三绝，苏轼："李太白、杜子美以英玮绝世之姿，凌跨百代，古今诗人尽废。"李杜并称，杜甫自己对李白亦大加赞赏，其《春日忆李白》："白也诗无敌，飘然思不群。清新庾开府，俊逸鲍参军。"《寄李十二白二十韵》："昔年有狂客，号尔谪仙人。笔落惊风雨，诗成泣鬼神。"《饮中八仙歌》："李白斗酒诗百篇，长安市上酒家眠。天子呼来不上船，自称臣是酒中仙。"杜甫同情李白政治上不得志的不幸遭遇，多次为李白鸣不平。其《梦李白二首》其二云："冠盖满京华，斯人独憔悴！"《赠李白》云："痛饮狂歌空度日，飞扬跋扈为谁雄？"李白终日痛饮狂歌，狂放不羁，豪情万丈，却不被重用。后余光中用杜甫之语写成《寻李

白——痛饮狂歌空度日飞扬跋扈为谁雄》,其中的"酒入豪肠,七分酿成了月光,余下的三分啸成剑气,绣口一吐,就半个盛唐"非常形象地描绘出李白豪放浪漫、任侠使气的特点。李白的高度自信、乐观豪放最能代表盛唐蓬勃昂扬的时代精神,他的诗歌也成为盛唐气象的典型代表。

第五节 仁者情怀

自天宝十四载(755年)开始,安史之乱历时八年,导致人口锐减、满目疮痍,成为李唐王朝由盛转衰的分水岭。受时代的影响,诗歌中盛唐的昂扬进取精神减弱,兴象玲珑、骨气端翔的特征淡化,有了更多忧国忧民的仁者情怀和对字词的精工锤炼。杜甫、元稹、白居易、韩愈都是深受儒学影响的人物。杜甫诗歌反映了安史之乱前后李唐王朝的变化,忧时伤乱,代表了由盛唐诗风向中唐诗风的演变。受杜甫影响,元白新乐府意欲补察时政,反映民生疾苦。散文领域,韩愈倡导文体文风改革,提倡文以明道,试图通过弘扬儒学达到政治的中兴。

一、杜甫

唐代诗坛,李杜齐名。韩愈说:"李杜文章在,光焰万

丈长。"杜甫，字子美，晋朝名将杜预是其第十三世祖，祖父杜审言是初唐"文章四友"之一。杜甫在《进雕赋表》中自言"臣之近代陵夷，公侯之贵磨灭，鼎铭之勋，不复照耀于明时。自先君恕、预以降，奉儒守官，未坠素业矣。"受奉儒守官的家庭文化的熏陶，杜甫有强烈的经世治国的情怀。他早年读书漫游，曾登泰山，抒发"会当凌绝顶，一览众山小"的壮志豪情。在《奉赠韦左丞丈二十二韵》中，杜甫自述才华抱负，踌躇满志，"甫昔少年日，早充观国宾。读书破万卷，下笔如有神。赋料扬雄敌，诗看子建亲。李邕求识面，王翰愿卜邻。自谓颇挺出，立登要路津。致君尧舜上，再使风俗淳"。他自信地说自己博览群书，诗赋可与扬雄、曹植相匹敌，希望致君尧舜，一展宏图。可惜玄宗皇帝耽于享乐、不理朝政，李林甫、杨国忠先后把持大权，奸佞当道。杜甫在长安困守十年，积极求仕。参加科考时，却因李林甫不欲贤才入朝，以"野无遗贤"之名一个都未录取，杜甫仕进无望，干谒权贵，旅食京华，历尽艰辛。"朝扣富儿门，暮随肥马尘。残杯与冷炙，到处潜悲辛。"《兵车行》《丽人行》《自京赴奉先县咏怀五百字》均创作于此时。安史之乱后，长安沦陷，杜甫为叛军所俘，其间写下了《春望》《哀江头》等名作。后历经艰辛，逃出长安，奔赴凤翔拜见唐肃宗，"麻鞋见天子，衣袖露两肘"。肃宗被其忠心感动，封他为左拾遗。不久杜甫又因上疏为房琯辩护被贬为华州司功参军。这期间，他写下了《羌村三首》、《北征》、"三吏"、"三别"等作品。乾元二年（759年）杜甫弃官入蜀，曾投奔好友严武，于成都建浣花草堂，度过了一段安逸的时光。严武去世后，杜甫便在西南一带漂泊，最后穷愁潦倒，客死舟中。

艰难困苦玉成了杜甫的诗歌创作，他颠沛流离、艰辛备尝，感受到民生疾苦，用饱含深情的笔墨，再现了安史之乱前后社会生活的画面，描绘了百姓生活的苦难，抒发了他忧念时局、关心民瘼的儒家情怀。杜甫的诗歌遂有诗史之誉。

人溺己溺、人饥己饥，杜甫的史诗充满了强烈的感情色彩。"三吏"、"三别"、《兵车行》、《悲陈陶》、《悲青坂》等都体现了杜甫对饱受苦难的百姓戍卒的无限同情。《无家别》："存者无消息，死者为尘泥。贱子因败阵，归来寻旧蹊。久行见空巷，日瘦气惨凄。但对狐与狸，竖毛向我啼。四邻何所有？一二老寡妻。"此诗描述了园庐残破，民生凋敝，满目凄凉的荒凉景象。《自京赴奉先县咏怀五百字》云："穷年忧黎元，叹息肠内热""况闻内金盘，尽在卫霍室。中堂舞神仙，烟雾蒙玉质。暖客貂鼠裘，悲管逐清瑟。劝客驼蹄羹，霜橙压香橘。朱门酒肉臭，路有冻死骨。"此诗作于天宝十四载（755年）十月初，安史之乱迫在眉睫，而唐玄宗却在骊山华清宫纵情享乐。杜甫写出了对统治者的奢华享乐的不满、对百姓的深挚同情和对国家命运的忧虑。"入门闻号啕,幼子饥已卒。吾宁舍一哀,里巷亦呜咽。所愧为人父,无食致夭折。岂知秋禾登,贫窭有仓卒。生常免租税,名不隶征伐。抚迹犹酸辛,平人固骚屑。默思失业徒,因念远戍卒。忧端齐终南,澒洞不可掇。"杜甫身为人父,幼子活活饿死,本已悲痛难抑,他还推己及人,由一己的悲痛联系到普通百姓,表达了对失业徒远戍卒的忧虑。《茅屋为秋风所破歌》亦是如此,由自己的茅屋破损联想到天下的寒士,"安得广厦千万间,大庇天下寒士俱欢颜!风雨不动安如山。呜呼!何时眼前突兀见此屋,吾庐独破受冻死亦足"!其忧国忧民的仁者情怀令人景仰。

杜甫有诗史之誉的诗歌多是以叙事为主的古体诗,杜甫的律诗也取得了极高的成就,他用律诗写各种题材,扩大了律诗的表现范围,他以律诗写组诗,使律诗可以表达更丰富的内容。《秋兴八首》是他律诗组诗的代表作。第一首:"玉露凋伤枫树林,巫山巫峡气萧森。江间波浪

清 王时敏 杜甫诗意图

兼天涌，塞上风云接地阴。丛菊两开他日泪，孤舟一系故园心。寒衣处处催刀尺，白帝城高急暮砧。"当时，杜甫滞留夔州，穷愁潦倒，郁愤深广。看到巫山巫峡的萧瑟秋景，触物伤情，乱离之苦、故园之思油然而生。"江间波浪兼天涌，塞上风云接地阴"，摹景雄浑壮阔，也预示着安史之乱后李唐王朝的动荡国势，寄托着作者的忧时伤乱的郁勃之情。八首组诗意脉贯通，故园之思、京华之念、乱离之苦，融汇交织，富有极强的表现力。杜甫诗与李白不同，李白豪放不羁的性情使其不愿受格律的拘束限制，所以更擅长形式自由的古体诗；而杜甫对律诗极为擅长，他在《遣闷戏呈路十九曹长》中自云："晚节渐于诗律细。"《江上值水如海势聊短述》又云："为人性僻耽佳句，语不惊人死不休。"他极为注重声律、炼字。《登高》被杨伦称为"杜集七言律第一"，其中"万里悲秋常作客，百年多病独登台"一联，罗大经《鹤林玉露》评曰："万里，地之远也；悲秋，时之惨凄也；作客，羁旅也；常作客，久旅也；百年，暮齿也；多病，衰疾也；台，高迥处也；独登台，无亲朋也。"区区十四字写出八种可悲之意，足见杜甫炼字之精炼传神。

沉郁顿挫是杜诗的主要风格。沉郁是指杜诗中深沉忧伤的感情基调，杜甫忧时伤乱，关心民生疾苦，自己又壮志未酬，穷愁潦倒，所以诗歌中的情感多是沉郁的。顿挫是指杜诗的抒

情方式,杜诗的抒情不像李白诗的一泻千里、毫无窒碍,而是蓄积深厚、反复低回。如《自京赴奉先县咏怀五百字》:"杜陵有布衣,老大意转拙。许身一何愚,窃比稷与契。居然成濩落,白首甘契阔。盖棺事则已,此志常觊豁。穷年忧黎元,叹息肠内热。取笑同学翁,浩歌弥激烈。非无江海志,潇洒送日月。生逢尧舜君,不忍便永诀。当今廊庙具,构厦岂云缺。葵藿倾太阳,物性固莫夺。顾惟蝼蚁辈,但自求其穴。胡为慕大鲸,辄拟偃溟渤。以兹悟生理,独耻事干谒。兀兀遂至今,忍为尘埃没。终愧巢与由,未能易其节。沈饮聊自适,放歌颇愁绝。"先自谦意拙愚笨,追慕稷契,志向落空却甘心勤苦。想到尚未盖棺定论,就要坚持志向。虽因终年忧国忧民,被同辈取笑,但却不为所动。也并非没有逍遥隐居之想,但生逢盛世,不忍离开。转念想到朝廷上不缺栋梁之材,自己就像葵藿朝向太阳一样,忠君爱国的本性难改。又以蝼蚁大鲸相对,与巢父许由相比,说自己不愿改变志节,只好沉醉放歌以解愁苦。思绪千回百转,很能体现杜甫顿挫的抒情方式。

杜甫爱国爱民的情怀上承屈原,又影响着后世的爱国志士。李纲《重校正杜子美集序》曰:"平时读之,未见其工,迨亲更兵火丧乱之后,诵其诗如出乎其时,犁然有当于人心,然后知其语之妙也。"文天祥集杜诗二百首,其序曰:"凡吾意所欲言者,子美先为代言之。"元稹曰:"至于子美,盖所谓上薄风雅,下该沈宋,言夺苏李,气吞曹刘,掩颜谢之孤高,杂徐庾之流丽,尽得古今之体势,而兼人人之所独专矣!"元稹指出了杜诗集各家之大成的特点。杜甫自己也主张作诗需博采众长,转益多师。他在《戏为六绝句》中明确表示:"别裁伪体亲风雅,转益多师是汝师。"他在唐诗发展史上承先启后,既集前人之大成,又对中唐之后的诗坛产生重要影响。杜诗承续了《诗经》风雅的现实主义精神,影响了元白新乐府运动,韩孟诗派受到杜甫炼字的影响,李商隐的律诗受到杜甫律诗的影响,宋代的江西诗派视杜甫为诗派之祖,明代的李攀龙、王世贞,清代的顾炎武等人都受到杜诗的深远影响。

二、元白

从《诗经》国风到"感于哀乐、缘事而发"的汉乐府,诗歌历来具有关注现实的传统。安史之乱给李唐王朝带来了巨大的改变,杜甫即事名篇、无复依傍,创作了许多描写现实、语言通俗的新题乐府,白居易对杜甫的这类作品极为欣赏:"杜诗最多,可传者千余首……然撮其《新安吏》《石壕吏》《潼关吏》《塞芦子》《留花门》之章,'朱门酒肉臭,路有冻死骨'之句,亦不过三四十首。"元稹赞美杜诗的通俗易懂,《酬孝甫见赠十首》:"杜甫天材颇绝伦,每寻诗卷似情亲。怜

渠直道当时语,不著心源傍古人。"杜甫忧国忧民的情怀、关注现实的精神、通俗化的诗歌倾向影响到了元白诗派的创作。元白诗派以元稹、白居易为代表,注重写实、崇尚通俗,赵翼《瓯北诗话》卷四:"元、白尚坦易,务言人所共欲言。"

元稹,字微之,性情刚直,多次因批判时弊被贬,有《元氏长庆集》。元稹乐府诗往往有很强的现实性,如《织妇词》"东家头白双女儿,为解挑纹嫁不得。檐前袅袅游丝上,上有蜘蛛巧来往。羡他虫豸解缘天,能向虚空织罗网"写租税的繁苛和织妇的辛劳。《连昌宫词》是元稹的代表作,通过宫边老翁的讲述,写出连昌宫昔日的繁华和今日的颓败,引起"太平谁致乱者谁"的思考,发人深省。"姚崇宋璟作相公,劝谏上皇言语切。燮理阴阳禾黍丰,调和中外无兵戎。长官清平太守好,拣选皆言由相公。开元之末姚宋死,朝廷渐渐由妃子。禄山宫里养作儿,虢国门前闹如市。弄权宰相不记名,依稀忆得杨与李。庙谟颠倒四海摇,五十年来作疮痏。"姚崇、宋璟选贤任能,因而有了开元盛世。杨国忠和李林甫专权误国,招致安史之乱。最后归结为"努力庙谟休用兵",希望社稷安定,天下太平,有强烈的规诫讽谏之意。王世贞《艺苑卮言》:"《连昌宫辞》似胜《长恨》,非谓议论也,《连昌》有风骨耳。"张戒《岁寒堂诗话》有云:"《长恨歌》在乐天诗中为最下,《连昌宫词》在元微之诗中乃最得意者,二诗工拙虽殊，皆不若子美诗微而婉也。"普遍认为，元稹的《连昌宫词》在讽喻方面胜过白居易的《长恨歌》，自有刚健的气骨。

元稹还有小诗《行宫》："寥落古行宫，宫花寂寞红。白头宫女在，闲坐说玄宗。"意境深邃，情味隽永，借寥落荒败行宫中白头宫女的寂寞哀怨，写出了强烈的衰败之感。

需要指出的是，比起关注现实的乐府诗，元稹的悼亡诗更脍炙人口。比如《离思五首》其四："曾经沧海难为水，除却巫山不是云。取次花丛懒回顾，半缘修道半缘君。""曾经沧海难为水"化用《孟子·尽心篇》中的句子："孔子登东山而小鲁，登泰山而小天下。故观于海者难为水，游于圣人之门者难为言。""除却巫山不是云"化用宋玉《高唐赋》中的句子："妾在巫山之阳，高丘之阻。旦为朝云，暮为行雨，朝朝暮暮，阳台之下。"元稹以沧海之水和巫山之云比喻他对亡妻韦氏的感情，含蓄蕴藉，深情绵邈。《遣悲怀三首》："谢公最小偏怜女，嫁与黔娄百事乖。顾我无衣搜画箧，泥他沽酒拔金钗。野蔬充膳甘长藿，落叶添薪仰古槐。今日俸钱过十万，与君营奠复营斋。""昔日戏言身后意，今朝都到眼前来。衣裳已施行看尽，针线犹存未忍开。尚想旧情怜婢仆，也曾因梦送钱财。诚知此恨人人有，贫贱夫妻百事哀。""闲坐悲君亦自悲，百年都是几多时。邓攸无子寻知命，潘岳悼亡犹费词。同穴窅冥何所望，他生缘会更难期。惟将终夜长开眼，报答平生

未展眉。"陈寅恪《元白诗笺证稿》:"所以特为佳作者,直以韦氏之不好虚荣,微之之尚未富贵,贫贱夫妻,关系纯洁,因能措意遣词,悉为真实之故。夫唯真实,遂造诣独绝欤!"三首都是在与亡妻闲话家常,娓娓道来,却字字血,声声泪,真挚感人。

白居易,字乐天,自号醉吟先生、香山居士,有《白氏长庆集》。《唐才子传》记载,白居易弱冠之年还没有名声的时候,去京城游赏,拜见大诗人顾况。顾况自视甚高,很少称赞别人。他就白居易的名字跟白居易开玩笑说:"长安各种东西都贵,想居住在此可不容易。"等到他读了白居易的诗歌,读到"离离原上草,一岁一枯荣。野火烧不尽,春风吹又生"时,他赞叹说:"能写出这样的诗句,居天下也不难。我前面是跟你开玩笑罢了。"

白居易主张诗歌应有益于时用,应关心时政、关心民生疾苦。为此,他提出"为君、为臣、为民、为物、为事而作,不为文而作也"(《新乐府序》),"始知文章合为时而著,歌诗合为事而作"(《与元九书》),"惟歌生民病,愿得天子知"(《寄唐生》)。他认为诗歌语言应质直通俗,明白晓畅,易于咏歌,叙事应真实可信。"其辞质而径,欲见之者易谕也;其言直而切,欲闻之者深诫也;其事核而实,使采之者传信也;其体顺而肆,可以播于乐章歌曲也"(《新乐府序》),反对一味地追求宫律之高、文字之奇的形式主义文风。唐宣宗说"童子解吟长恨曲,牧儿能唱琵琶篇"。惠洪《冷斋夜话》说白居易诗通俗到老妪能解。

白居易注重诗歌的政治教化功能,继承了《诗经》的讽谏之旨,和汉儒"可以经夫妇,成孝敬,厚人伦,美教化,移风俗"的诗教观一脉相承,他的诗是在杜甫史诗的基础上发展而来的。《秦中吟》《新乐府》是白居易的讽喻诗的代表。《秦中吟》共十首组诗,"一吟悲一事",其序云:"贞元、元和之际,予在长安,闻见之间,有足悲者。因直歌其事,命为《秦中吟》。""一丛深色花,十户中人赋""是岁江南旱,衢州人食人""夺我身上暖,买尔眼前恩"写出了权贵的骄奢和百姓的苦难,表现了作者忧国忧民的情怀。《新乐府》五十首中,"可怜身上衣正单,心忧炭贱愿天寒""剥我身上帛,夺我口中粟,虐人害物即豺狼,何必钩爪锯牙食人肉"都写出了下层民众生活的痛苦。

白居易诗歌与杜甫诗歌相比,杜诗往往自己置身其中,写自己的亲历或所见所感,融入强烈的悲悯情怀,以情动人;白居易的讽喻诗则更多议论说理成分,虽然他也主张"感人心者,莫先乎情,莫始乎言,莫切乎声,莫深乎义。诗者,根情、苗言、华声、实义",认为诗歌情、言、声、义四者皆备方能感染人心。但他的讽喻诗往往在抒情性上有所欠缺,而用

旁观者的视角,更重视诗歌反映现实的深度和讽谏功用。其《新乐府》往往"首句标其目,卒章显其志",刻板单调,程式化严重,语言上因一意追求通俗易懂有时不够精练含蕴,失之于浅露。

白居易还写了许多志在独善其身的闲适诗,吟玩性情,用语浅近晓畅,表现淡泊悠然、知足保和的情怀。如《问刘十九》:"绿蚁新醅酒,红泥小火炉。晚来天欲雪,能饮一杯无?"《官舍小亭闲望》:"亭上独吟罢,眼前无事时。数峰太白雪,一卷陶潜诗。人心各自是,我是良在兹。"其中体现的超然心境深受后世文人的倾慕。醉翁、迂叟、东坡之名,皆出于白乐天诗。白居易号醉吟先生,欧阳修号醉翁。白乐天做忠州刺史时,有《东坡种花》《步东坡》诗,其中有"朝上东坡步,夕上东坡步;东坡何所爱,爱此新成树"。苏轼谪居黄州后,就用白居易之作,自号东坡。迂叟是白居易的别号,白居易《迂叟》诗:"初时被目为迂叟,近日蒙呼作隐人。"司马光亦自号迂叟。可见欧阳修、司马光、苏轼对白居易闲适诗的喜爱程度。

三、韩愈

韩愈是唐代古文运动的领袖。初唐沿袭六朝余习,骈体文盛行。骈文注重对偶声律、大量用典、辞藻华美,但过多的追求形式技巧往往会限制了思想内容的表达。陈子昂提倡风雅兴寄和汉魏风骨,他的一些文章也"疏朴近古",但并没有引起普遍的文风改革风气。开元时,苏颋、张说并称燕许大手笔,还是以骈体文创作为主。安史之乱之后,李唐王朝国力衰弱,开始出现藩镇割据、宦官专权、佛老蕃滋的情况。藩镇割据削弱了中央皇权,宦官专权致使朝政黑暗,佛老蕃滋、儒学衰微导致礼义缺失、道德沦丧、士风浇薄、社会秩序混乱。一批有识之士忧时伤世,想要改变弊政,使王朝中兴。韩愈《龊龊》:"大贤事业异,远抱非俗观。报国心皎洁,念时涕汍澜。"孟郊《百忧》:"壮士心是剑,为君射斗牛。朝思除国难,暮思除国仇。"儒家历来重视文与道的关系,注重文学的政治教化功用,认为诗"可以经夫妇,成孝敬,厚人伦,美教化,移风俗","道沿圣以垂文,圣因文而明道"(《文心雕龙》)。作为中唐的文人学士,他们倡导复兴儒学以改革时弊,明君臣之义,严华夷之防,适时救弊。《旧唐书·韩愈传》云:"大历、贞元之间,文字多尚古学,效扬雄、董仲舒之述作,而独孤及、梁肃最称渊奥,儒林推重。愈从其徒游,锐意钻仰,欲自振于一代。"

韩愈曾因反佛被贬谪。元和十四年(819年),唐宪宗从凤翔法门寺真身塔迎佛骨入宫供奉,韩愈写《谏迎佛骨表》劝谏,宪宗大怒,贬韩愈为潮州刺史,并责令即日启程。韩愈

的家人受牵连，也被迫离开京师。韩愈十二岁的女儿本已生病，又加旅途劳苦，不幸病死途中。韩愈一心忧念国事，却遭此横祸，内心难免愤懑。他在《左迁至蓝关示侄孙湘》中说："一封朝奏九重天，夕贬潮阳路八千。欲为圣明除弊事，肯将衰朽惜残年！云横秦岭家何在？雪拥蓝关马不前。知汝远来应有意，好收吾骨瘴江边。"云横秦岭，雪拥蓝关，关山险阻，前路渺茫，既是实景，又极具象征意义，衬托出诗人的苍凉悲壮；家人离散，壮志落空，自料此去凶多吉少，故安排后事，充满英雄失路的愤懑悲怆。

苏轼《潮州韩文公庙碑》曾盛赞韩愈对复兴儒学、改革文风的贡献："自东汉以来，道丧文弊，异端并起，历唐贞观、开元之盛，辅以房、杜、姚、宋而不能救。独韩文公起布衣，谈笑而麾之，天下靡然从公，复归于正，盖三百年于此矣。文起八代之衰，而道济天下之溺；忠犯人主之怒，而勇夺三军之帅。"韩愈以宗经复古为主旨，把古文作为政治改革的工具，反对六朝以来浮靡华艳、空洞贫弱的骈体文，与柳宗元、张籍、李翱、李汉、皇甫湜、樊宗师等一起改变了骈体文盛行的局面。

在理论主张上，韩愈提倡文以明道，"修其辞以明其道"（《争臣论》），"然愈之所志于古者，不惟其辞之好，好其道焉耳"（《答李秀才书》），"愈之为古文，岂独取其句读不类于今者邪？思古人而不得见，学古道则欲兼通其辞。通其辞者，本志乎古道者也"（《题欧阳生哀辞后》），他重道的同时并不偏废文辞，而是文道并重。他主张为文要有创新，反对因袭，"不蹈袭前人一言一句"（《樊绍述墓志铭》），学古文应"师其意不师其辞"（《答刘正夫书》），词必己出，陈言务去。受孟子浩然之气的影响，韩愈还重视文人的人格修养，主张气盛言宜，"气盛则言之长短与声之高下者皆宜"（《答李翊书》）。

韩愈为文重视弘扬儒学道统，也注重散文自身的文学特征，注重文辞的锤炼、情感的抒发。对文学特征的重视，使他的作品没有流于一味说教的道学气。韩愈的散文涉及论道、论政、赠序、杂说、传记、祭文、墓志等多种体裁。论道有《原道》《原性》《师说》等，论政有《论淮西事宜状》《论佛骨表》等，赠序有《送孟东野序》《送高闲上人序》《送李愿归盘谷序》等，杂说有《说龙》《说马》《获麟解》《伯夷颂》等，传记有《毛颖传》《张中丞传后叙》等，祭文有《祭十二郎文》等，墓志有《试大理评事王君墓志铭》《柳子厚墓志铭》等，为文往往情感充沛，笔力雄健，气势磅礴。如《讳辩》："父名晋肃，子不得举进士；若父名仁，子不得为人乎？"对有人诋毁李贺，要李贺避父亲名讳、不能参加进士考试一事，韩愈指出这种说法的荒唐可笑，为李贺辩护，痛快淋

漓。《柳子厚墓志铭》道:"呜呼!士穷乃见节义。今夫平居里巷相慕悦,酒食游戏相征逐,诩诩强笑语以相取下,握手出肺肝相示,指天日涕泣,誓生死不相背负,真若可信;一旦临小利害,仅如毛发比,反眼若不相识。落陷阱,不一引手救,反挤之,又下石焉者,皆是也。此宜禽兽夷狄所不忍为,而其人自视以为得计。闻子厚之风,亦可以少愧矣。"文中称颂柳宗元的侠义之举,对落井下石的小人进行了批判。《祭十二郎文》写生活琐事,娓娓道来,抒写对韩老成去世的无限悲痛,至性至情,凄恻感人。赵与时《宾退录》曰:"读诸葛孔明《出师表》而不堕泪者,其人必不忠。读李令伯《陈情表》而不堕泪者,其人必不孝。读韩退之《祭十二郎文》而不堕泪者,其人必不友。"

韩愈辞世之后,晚唐文人耽于享乐,古文衰落,骈体文又重新兴盛,晚唐皮日休、陆龟蒙、罗隐等人继承韩柳文风,以小品文针砭现实,大放异彩。鲁迅指出:"罗隐的《谗书》几乎全部是抗争和愤激之谈;皮日休和陆龟蒙自以为隐士,别人也称之为隐士,而看他们在《皮子文薮》和《笠泽丛书》中的小品文,并没有忘记天下,正是一塌糊涂的泥塘里的光彩和锋芒。"韩柳的古文运动在宋代得到了更大的发展。

韩愈诗歌亦追求新奇险崛,有散文化的倾向,喜欢发议论。《早春呈水部张十八员外二首》其一:"天街小雨润如酥,草色遥看近却无。最是一年春好处,绝胜烟柳满皇都。"前人往往写暮春美景,江南草长,杂花生树,群莺乱飞。而韩愈此诗写出早春的勃勃生机和喜悦之情,认为早春胜过暮春,独具匠心,体现了韩愈对新奇的追求。"规模背时利,文字觑天巧"(《答孟郊》)。《山石》不用对偶句式,以散文手法为诗,类似于山水游记,写黄昏入惠林寺至天明离去的经历,写山林的清幽美景,抒发"人生如此自可乐,岂必局束为人鞿"的感慨。韩愈诗歌为唐诗一大变革,力大思雄,对宋诗产生了深远的影响,苏舜钦、梅尧臣、欧阳修、苏东坡、王安石、黄庭坚的诗歌都有学习韩愈诗歌的痕迹。

韩愈欲弘扬儒学,思想中有深厚的儒家思想的影响。韩愈诗文与杜甫诗歌、元白乐府一样,都体现出浓烈的关注现实忧国忧民的情怀,这种情怀在后世范仲淹、陆游、文天祥、顾炎武的诗文中不乏回响。

第五章

文化造极与宋代文学

陈寅恪说:"华夏民族之文化,历数千载之演进,造极于赵宋之世。"宋代文化登峰造极,固然与文化自身的积淀延续有关,但更取决于宋代文人地位之高。宋代是典型的文官政治,是文人的黄金时代。宋太祖于960年陈桥兵变,黄袍加身,建立宋朝。鉴于唐末五代藩镇割据的教训,为避免将领拥兵自重割据叛乱,为维护君权,宋太祖杯酒释兵权。宋太祖曾训诫"不得杀士大夫和上书言事人","子孙有渝此誓者,天必殛之"。宋朝重用文臣,即便是掌管军政的枢密使等职也多由文人担当。"恩逮于百官者唯恐其不足,财取于万民者不留其有余"(《廿二史札记》)。宋代君主对文臣极为慷慨。《宋史》记载:"艺祖革命,首用文吏而夺武臣之权,宋之尚文,端本乎此。太宗、真宗,其在藩邸,已有好学之名,及其即

位,弥文日增。自时厥后,子孙相承,上之为人君者,无不典学;下之为人臣者,自宰相以至令录,无不擢科,海内文士,彬彬辈出焉。"北宋诸帝多倡导学术,笃好文学。崇文抑武成为宋朝三百余年的国策,科举制度比起唐代有了很大的发展,文人意气风发,参政议政,议论纷纷。宋代的士大夫多受儒家思想影响,关注现实,以天下为己任,"先天下之忧而忧,后天下之乐而乐",社会责任感空前高涨,忧国忧民,体现出勇于担当的使命感。宋代诗文继承了杜甫、韩愈、白居易以来的关注国家政治、民生疾苦的现实主义传统,富有刚健气骨。

宋代经济繁荣,制瓷、冶矿、造船、印刷、纺织、商业等方面都有很大的发展。孟元老《东京梦华录》、周密《武林旧事》描绘了当时汴京、临安的繁华景象。由于印刷技术的普及,宋代书籍大大丰富,文人不再需要手抄,读书破万卷不再成为难事。苏轼《李氏山房藏书记》说:"余犹及见老儒先生,自言其少时,欲求《史记》《汉书》而不可得;幸而得之,皆手自书,日夜诵读,惟恐不及。近岁市人转相摹刻诸子百家之书,日传万纸。学者之于书,多且易致如此。"私人藏书动辄万卷,于是出现了私人藏书的目录学专书《郡斋读书志》和《直斋书录解题》。

宋代对文化教育极为重视,宋朝有三次兴学运动,即仁宗庆历年间范仲淹主持的"庆历兴学"、神宗熙宁年间王安石主持的"熙宁兴学"、徽宗崇宁年间蔡京主持的"崇宁兴学"。学校数量大增,官学私学兴盛。"国家恢儒右文,京师郡县皆有学。""学校之设遍天下,而海内文治彬彬矣。"(《宋史》)除官办学校外,民间创办的书院亦如雨后春笋,晏殊、范仲淹都曾于商丘睢阳书院讲学,"宋朝兴学,始于商丘"。宋真宗御书"岳麓书院"匾额,朱熹与张栻在岳麓书院论学,朱张会讲,听者云集,"一时舆马之众,饮池水立涸"。朱熹重建白鹿洞书院,亲自讲学。这些都促进了宋代文化学术的昌盛,出现了很多学富五车的学者型的作家,反映到文学创作上即宋代文学展现出极高的文化修养,甚至出现了逞才使气掉书袋的现象。

宋朝在思想上儒释道三教合一,北宋周敦颐、邵雍、张载、程颢、程颐开创了理学,南宋朱熹集理学思想之大成。理学又称道学、义理之学,思想至为精微,阐释义理、性命,以儒学为宗,融汇三教,"泛滥于诸家,出入于老释者几十年,返求诸六经而后得之"(《宋史》)。宋代文人也喜欢讲道论学,辩论驳难,如王安石与司马光之争、二程洛学与苏轼蜀学之争、朱熹与陈亮之争。为阐明己见,宋人纷纷著书,诗文好议政论道,喜发议论。宋代文人对政治和学术的关注,影响到文学创作,理学家周敦颐提出"文所以载道",代表了宋人重视诗文的政治教化功能的观点,所以宋代的诗文多富有理趣。即

便是本应写景叙事的亭台记，宋人如苏轼也往往大发议论。宋人以议论为诗，表面上看与东晋玄言诗阐发玄理有类似之处，但因为宋人的才学极高、审美能力极强、对文学艺术价值极为重视，所以宋人足以驾驭哲理与文学的有机融合，使诗歌不流于空洞的说教。从东晋玄言诗到宋代理趣诗，经历了一个螺旋发展、审美特征增强的过程。

宋儒更注重日用人伦，注重内心道德的完善，禅宗注重内心的顿悟，道家讲心斋坐忘、精神的逍遥，受宋代儒释道三教合一的影响，宋代文人对出处进退的选择更加自由，不论在朝在野都积极关注时政，而且更注重个性的独立和内心的满足，更关注自我的价值和生命的意义。深厚的文化修养使他们更加理性沉稳，不戚戚于贫贱，不汲汲于富贵，追求绚烂之极归于平淡。钱锺书说："一生之中，少年才气飞扬，遂为唐体，晚节思虑深沉，乃染宋调。"宋代文人把社会责任和个性自由区分开来，把对社会时政、民生疾苦的关怀放到正统的诗文当中去表达，词被视为诗余，花间尊前，佐欢侑酒，更便于抒发缠绵幽怨之情。诗文言志，词以娱情。东坡以诗为词、稼轩以文为词，乃是词中变体。

宋代文学取得了极高的成就，诗文延续了杜甫、韩愈的关注现实、喜发议论的倾向。诗歌领域，唐诗清空蕴藉已达顶峰，宋人另辟蹊径，严羽说宋诗："以文字为诗，以议论为

北宋　张择端　清明上河图（局部）

北宋　王希孟　千里江山图（局部）

南宋　赵伯驹　江山秋色图

诗,以才学为诗。"(《沧浪诗话》)颇有深沉思致。缪钺说:"唐诗以韵胜,故浑雅,而贵蕴藉空灵;宋诗以意胜,故精能,而贵深析透辟。唐诗之美在情辞,故丰腴;宋诗之美在气骨,故瘦劲。"钱锺书说:"唐诗多以丰神情韵擅长,宋诗多以筋骨思理见胜。"散文领域,韩柳的古文运动在宋代回响甚大,宋代散文青出于蓝而胜于蓝,成就超过了唐代散文,散文至宋而众体兼备,法都谨严。唐宋八大家中有欧阳修、苏洵、苏轼、苏辙、王安石、曾巩六位宋人。宋词在唐代敦煌曲子词、晚唐五代词的基础上,蔚为大观,成为宋代的代表性文体。

第一节　宋代诗文

宋代诗文皆有喜发议论的特点,寄寓着宋代文人对社会和人生的深刻感悟。

一、宋代诗歌

宋代初年,以杨亿、刘筠、钱惟演等馆阁词臣为代表的西昆体,以《西昆酬唱集》而得名,风格上学习李商隐,大量用典,辞藻华美,但内容较为空洞。

欧阳修倡导诗文革新运动,取法韩愈,以文为诗,以议论为诗，风格平易流畅。苏舜钦、梅尧臣、王安石、曾巩等人的诗歌都受到欧阳修的影响。

继欧阳修之后，苏轼主持北宋文坛。苏轼，字子瞻，号东坡居士，是宋代文化孕育出的全才文人，他诗词文兼擅，还擅长书法，与黄庭坚、米芾、蔡襄并称为"宋四家"。黄庭坚在《题东坡字后》中称赞说："案上纸不择精粗，书遍乃已。性喜酒，然不能四五龠已烂醉，不辞谢而就卧，鼻鼾如雷。少焉苏醒，落笔如风雨，虽谑弄皆有义味，真神仙中人。此岂与今世翰墨之士争衡哉！"其《寒食诗帖》与王羲之《兰亭序》、颜真卿《祭侄文稿》合称"天下三大行书"。苏轼还精通绘画，尤擅墨竹、怪石、枯木等。"论画以形似，见与儿童邻。赋诗必此诗，定非知诗人。诗画本一律，天工与清新。"注重神似，主张画外之韵，画外有情，自然天成。"故画竹必先得成竹于胸中，执笔熟视，乃见其所欲画者，急起从之，振笔直遂，以追其所见，如兔起鹘落，少纵则逝矣。"(《文与可画筼筜谷偃竹记》)讲意在笔先的绘画理论。他还精通美食、医药、水利，多方面的成就令人敬仰。

苏轼是光风霁月般的人物，居魏阙、处江湖皆磊落坦荡，遭遇坎坷时超然旷达，心境澄澈，坦然面对苦难，享受生活之美。

苏轼诗多富有理趣，较能代表宋人以议论为诗的特点。

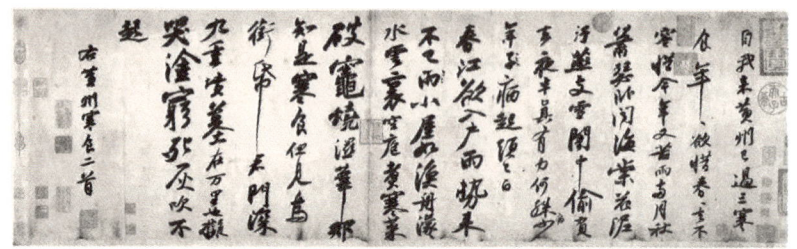

北宋　苏轼　寒食帖

北宋　苏轼　潇湘竹石图

《题西林壁》："不识庐山真面目，只缘身在此山中。"《和子由渑池怀旧》："人生到处知何似？应似飞鸿踏雪泥。泥上偶然留指爪，鸿飞那复计东西？"苏轼诗常抒发笑对坎坷的豪迈襟怀，暮年从儋州遇赦北归时作《六月二十日夜渡海》："参横斗转欲三更，苦雨终风也解晴。云散月明谁点缀？天容海色本澄清。空余鲁叟乘桴意，粗识轩辕奏乐声。九死南荒吾不恨，兹游奇绝冠平生！"

黄庭坚、秦观、晁补之、张耒四人被称为"苏门四学士"，其中黄庭坚在诗歌领域取得了很高的成就。黄庭坚，字鲁直，号山谷道人，又号涪翁，他的诗歌以杜甫为宗，追求新变，明确提出"文章最忌随人后"（《赠谢敞王博喻》），"随人作计终后人，自成一家始逼真"（《以右军书数种赠丘十四》）。以黄庭坚和陈师道为首形成的诗歌流派，被称为"江西诗派"。

南宋诗坛，陆游、杨万里、范成大、尤袤号称"中兴四大诗人"。其中陆游是南史爱国诗人的代表。《书愤》："早岁那知世事艰，中原北望气如山。楼船夜雪瓜洲渡，铁马秋风大散关。塞上长城空自许，镜中衰鬓已先斑。"诗中充满壮志未酬的悲愤，临终绝笔诗《示儿》仍不忘收复中原："死去元知万事空，但悲不见九州同。王师北定中原日，家祭无忘告乃翁！"全诗用笔曲折，情真意切表达了诗人的爱国之情。

二、宋代散文

宋初沿袭了晚唐五代浮靡华艳的文风，多写作骈体文。一些有识之士如王禹偁、柳开、穆修等提倡古文，反对骈俪，但反响不大。到了宋仁宗时期，欧阳修作为文坛领袖，继承了韩愈的古文传统，倡导古文，影响了宋代的文风。宋代散文取得

了极高的成就,唐宋散文八大家中宋代文人就占了六家。他们分别是欧阳修、王安石、曾巩、苏洵、苏轼、苏辙。

欧阳修,晚年自号六一居士,他曾说:"吾家藏书一万卷,集录三代以来金石遗文一千卷,有琴一张,有棋一局,而常置酒一壶。""以吾一翁,老于此五物之间,是岂不为六一乎"体现了他晚年悠闲豁达的心境。

欧阳修的散文题材多样,有议论、记叙、书信、墓志等。行文平易晓畅,纡徐有致,开创了宋代文风。议论文以《朋党论》为代表,范仲淹等人被污蔑为朋党,欧阳修提出"小人无朋,唯君子则有之",作《朋党论》为之辩护,义正词严,说理严密。欧阳修还作记叙文《泷冈阡表》追忆父亲居家清廉、奉亲至孝、居官仁厚,母亲坚贞贤良,全文对生活琐事娓娓道来,感情深挚,此文与韩愈的《祭十二郎文》、袁枚的《祭妹文》并称为古代三大祭文。《丰乐亭记》中有对历史兴亡的感慨,《醉翁亭记》感慨山水之乐。欧阳修的赋作也融入了散文手法,创造了文赋。《秋声赋》情景交融,加以议论说理,挥洒自如。

王安石,字介甫,晚号半山,他主张变法,是北宋著名的政治家。他注重文学的实用价值,主张为文务必有补于世。其散文擅发议论,思想深刻,逻辑严密,气势充沛。如《答司马谏议书》仅三百八十字,反驳司马光关于侵官、生事、征利、拒谏、招怨的指责，精练犀利；《读孟尝君传》发前人之所未发，见识高卓。即便是游记，也喜发议论，如《游褒禅山记》，"世之奇伟、瑰怪、非常之观，常在险远。而人之所罕至焉，故非有志者不能至也"，寓意深刻，发人深省。

曾巩，字子固，是欧阳修的门生。曾巩散文古雅平正、雍容冲和，散文亦以议论见长。《墨池记》写王羲之的墨池遗迹，感慨"羲之之书晚乃善，则其所能，盖亦以精力自致者，非天成也"，说明勤学苦练、坚持不懈的道理。

苏洵及其子苏轼、苏辙并称三苏，被誉为"一门三学士"，他们都是宋代的古文名家。

苏洵，字明允，号老泉，二十七岁始发愤读书，属于大器晚成的类型。其散文受贾谊、陆贽等人的影响，铺陈恣肆，词锋犀利。如《管仲论》，批评管仲临死时没有向桓公举荐贤人，导致齐国之乱，议论精警，新颖独到。

苏轼的散文受孟子和战国纵横家、庄子之文的影响，气势充沛，汪洋恣肆，行云流水，挥洒自如。苏轼自己评价说："吾文如万斛泉源，不择地皆可出，在平地滔滔汩汩，虽一日千里无难。及其与山石曲折，随物赋形，而不可知也。所可知者，常行于所当行，常止于不可不止。"议论文如《贾谊论》《留侯论》等，见解独到，翻空出奇，精警透辟。小品文、辞赋亦喜欢抒发人生感慨，充满理趣。《记承天夜游》用语精练

生动，含蕴隽永："元丰六年十月十二日夜，解衣欲睡，月色入户，欣然起行。念无与为乐者，遂至承天寺，寻张怀民。怀民亦未寝，相与步于中庭。庭下如积水空明，水中藻荇交横，盖竹、柏影也。何夜无月？何处无竹柏？但少闲人如吾两人者耳。"《赤壁赋》把抒情写景和抒发哲理联系到一起："盖将自其变者而观之，则天地曾不能以一瞬；自其不变者而观之，则物与我皆无尽也，而又何羡乎！且夫天地之间，物各有主，苟非吾之所有，虽一毫而莫取。惟江上之清风，与山间之明月，耳得之而为声，目遇之而成色，取之无禁，用之不竭，是造物者之无尽藏也，而吾与子之所共适。"其豁达超然的人生态度令人赞叹。

苏辙，字子由，号颖川遗老。19岁时与其兄苏轼一起考中进士。苏辙最擅长的是政论和史论，其他文体亦喜发议论，如《黄州快哉亭记》登临怀古，感慨人生，"使其中坦然，不以物伤性，将何适而非快"，说明了处世要心胸豁达的道理。苏轼称苏辙散文"汪洋澹泊，有一唱三叹之声，而其秀杰之气终不可没"。

第二节 宋词

宋词可分为婉约和豪放两派。

一、婉约清词

婉约词多描写相思离别之情,辞藻华美,缠绵缱绻,被视为词之正宗。晏殊、欧阳修、张先、柳永、晏几道、周邦彦、秦观、李清照等都是宋代婉约词的代表作家。

晏殊

太平宰相晏殊是"北宋倚声家初祖"(冯煦《蒿庵论词》),擅长小令。其《珠玉词》摆脱了五代花间词的浓艳脂粉气,多写男女恋情,如《玉楼春》:"无情不似多情苦。一寸还成千万缕。天涯地角有穷时,只有相思无尽处。"《浣溪沙》:"满目山河空念远,落花风雨更伤春。不如怜取眼前人。"《浣溪沙》:"一曲新词酒一杯。去年天气旧亭台。夕阳西下几时回?无可奈何花落去,似曾相识燕归来。小园香径独徘徊。"他把伤春怀人之情和人生有限的哲思融合在一起,流露出青烟般淡淡的哀愁。

《蝶恋花·槛菊愁烟兰泣露》本为闺思之作,深情绵邈。

"昨夜西风凋碧树,独上高楼,望尽天涯路"写女子彻夜难寐,清晨登楼远望以解相思,眼前一片空阔,欲寄音书却不知寄往何处,内心无限孤独惆怅。王国维《人间词话》把此段喻为治学之第一境界。"古今之成大事业、大学问者,必经过三种之境界:'昨夜西风凋碧树,独上高楼,望尽天涯路。'此第一境也。'衣带渐宽终不悔,为伊消得人憔悴。'此第二境也。众里寻他千百度,蓦然回首,那人却在,灯火阑珊处。'此第三境也。"

晏殊词有富贵雅洁气象。他一生显达,过着"未尝一日不燕饮""亦必以歌乐相佐"(《避暑语录》)的生活,词作多表现雍容典雅的生活情趣,既有"时光催人老"(《采桑子》)的落寞之感,也能适可而止,理性节制。他和欧阳修的词都有学习冯延巳的痕迹。刘熙载《艺概·词曲概》云:"冯延巳词,晏同叔得其俊,欧阳永叔得其深。"

欧阳修

欧阳修,字永叔,号醉翁,又号六一居士。他是晏殊的门生,其词与晏殊词并称,王灼《碧鸡漫志》云:"晏元献公、欧阳文忠公,风流蕴藉,一时莫及,而温润秀洁,亦无其比。"欧阳修词作多达二百五十多首。《蝶恋花》"庭院深深深几许?杨柳堆烟,帘幕无重数。玉勒雕鞍游冶处,楼高不见章台路。雨横风狂三月暮。门掩黄昏,无计留春住。泪眼问花花不语，乱红飞过秋千去",写幽闺女子的哀怨,末句以景结情,情景交融。《生查子·元夕》"去年元夜时,花市灯如昼。月上柳梢头,人约黄昏后。今年元夜时,月与灯依旧。不见去年人,泪满春衫袖",用鲜明的对比写物是人非的怅惘和忧伤。

除婉约词外,欧阳修亦有清旷之作。《朝中措·平山堂》是为好友刘原甫饯行而作,"平山栏槛倚晴空。山色有无中。手种堂前垂柳,别来几度春风。文章太守,挥毫万字,一饮千钟。行乐直须年少,尊前看取衰翁",豪迈洒脱,为苏轼豪放词开先河。

张先

张先擅写"心中事,眼中泪,意中人",故被称为"张三中",又善写影,有《天仙子》"云破月来花弄影",《归朝欢》"帘压卷花影",《剪牡丹》"堕轻絮无影",自称"张三影"。王国维《人间词话》赞"云破月来花弄影"曰:"著一'弄'字而境界全出矣。"另外"中庭月色正清明,无数杨花过无影"(《木兰花》)亦被广为传诵。

柳永

柳永,原名三变,后改为永。官至屯田员外郎,又称"柳屯田"。据吴曾《能改斋漫录》记载,宋仁宗不喜欢浮艳空洞的作品,柳永曾写过《鹤冲天》发牢骚:"黄金榜上,偶失龙头望。明代暂遗贤,如何向?未遂风云便,争不恣狂荡?何

须论得丧。才子词人,自是白衣卿相。烟花巷陌,依约丹青屏障。幸有意中人,堪寻访。且恁偎红倚翠,风流事,平生畅。青春都一饷。忍把浮名,换了浅斟低唱。"宋仁宗因此让柳永科考落第,并讥讽柳永:"且去浅斟低唱,何要浮名?"柳永所以自嘲为"奉旨填词柳三变"。

在宋词史上,柳永是第一位大力创作慢词的词人,改变了小令独尊的局面。慢词篇幅较大,便于表达更丰富的内容和情感,扩大了词的内涵。柳永还创用了许多的词调,使词走向通俗化。"凡有井水处,皆能歌柳词。"(叶梦得《避暑录话》)"衣带渐宽终不悔,为伊消得人憔悴。"(《蝶恋花》)"系我一生心,负你千行泪。"(《忆帝京》)柳永擅长用口语化的语言抒发真挚缠绵的情感。

《雨霖铃·寒蝉凄切》是柳永的代表作。俞文豹在《吹剑续录》中曾记载了一段趣事:东坡曾问善歌幕士,自己与柳永词的优劣,幕士回答说,柳永词,适合十七八女郎,执红牙板,歌"杨柳岸、晓风残月";苏轼词,须关西大汉、铜琵琶、铁绰板,唱"大江东去"。幕士很好地概括了柳词婉约和苏词豪放的特征。

除男女恋情之作外,柳永也有表现城市繁华之作,比如《望海潮》:"东南形胜,三吴都会,钱塘自古繁华。烟柳画桥,风帘翠幕,参差十万人家。云树绕堤沙。怒涛卷霜雪,天堑无涯。市列珠玑，户盈罗绮，竞豪奢。重湖叠巘清嘉。有三秋桂子，十里荷花。羌管弄晴，菱歌泛夜，嬉嬉钓叟莲娃。千骑拥高牙。乘醉听箫鼓，吟赏烟霞。异日图将好景，归去凤池夸。"此词描绘出杭州美丽富饶的太平气象。罗大经在《鹤林玉露》中说，柳永此词广为流传，金主完颜亮听到后，欣慕三秋桂子，十里荷花的江南美景，遂起投鞭渡江之志。

晏几道

晏几道，字叔原，号小山，是晏殊的第七子，黄庭坚在《小山词序》中说他有四痴："仕宦连蹇，而不能一傍贵人之门，是一痴也；论文自有体，不肯一作新进士语，此又一痴也；费资千百万，家人寒饥，而面有孺子之色，此又一痴也；人百负之而不恨，己信人，终不疑其欺己，此又一痴也。"因家道中落，晏几道恋情词中往往融入盛衰无常之感，极为缠绵悱恻。"篇中所记，悲欢离合之事，如幻如电，如昨梦前尘，但能掩卷怃然，感光阴之易迁，叹境缘之无实也。"（《小山词·自序》）晏几道擅长写梦，如"梦魂惯得无拘检，又踏杨花过谢桥"（《鹧鸪天》），"梦里时时得见伊"（《采桑子》），"几回魂梦与君同"（《鹧鸪天》）。《临江仙》："梦后楼台高锁，酒醒帘幕低垂。去年春恨却来时。落花人独立，微雨燕双飞。记得小蘋初见，两重心字罗衣。琵琶弦上说相思。当时明月在，曾照彩云归。"此词抒发对小蘋的深挚思念，物是人非，

无限凄怆。"落花人独立,微雨燕双飞"与其父的"无可奈何花落去,似曾相识燕归来"相对照,晏几道的情感更为沉痛,这与两人的人生遭际有很大的关系。

冯煦对晏几道词评价极高:"淡语皆有味,浅语皆有致,求之两宋词人,实罕其匹。"

秦观

秦观,字太虚、少游,号淮海居士。苏轼说:"秦观自少年从臣学文,词采绚发,议论锋起,臣实爱重其人。"他称赞秦观有屈原、宋玉之才。秦观后随苏轼屡遭贬谪,遂将身世之感融入恋情词中,冯煦对秦观极为推崇,"少游以绝尘之才,早与胜流,不可一世,而一谪南荒,遽丧灵宝。故所为词,寄慨身世,闲雅有情思,酒边花下,一往而深,而怨悱不乱,悄乎得《小雅》之遗,后主而后,一人而已"(《蒿庵论词》),认为秦观可和李煜比肩,是"古之伤心人也"。王国维《人间词话》也说"少游词境最为凄婉,至'可堪孤馆闭春寒,杜鹃声里斜阳暮',则变而为凄厉矣"。

秦观虽为苏轼门生,但在词作风格上却与苏轼不同,他承续南唐李煜、冯延巳及宋初以来的晏殊、欧阳修等人的词风,多写离愁别恨,抒情深挚,《鹊桥仙》的"金风玉露一相逢,便胜却人间无数""两情若是久长时,又岂在朝朝暮暮",《浣溪沙》的"自在飞花轻似梦,无边丝雨细如愁",语言清丽淡雅，意境蕴藉深婉，被认为是当行本色。陈师道说当代词手中能称得上当行本色的，唯有秦观、黄庭坚。

《满庭芳》："山抹微云，天粘衰草，画角声断谯门。暂停征棹，聊共引离尊。多少蓬莱旧事，空回首、烟霭纷纷。斜阳外，寒鸦数点，流水绕孤村。销魂！当此际，香囊暗解，罗带轻分。谩赢得、青楼薄幸名存。此去何时见也，襟袖上、空惹啼痕。伤情处，高城望断，灯火已黄昏。"秦观极擅写景，描摹如画，"抹"字和"粘"字尤见锤炼精工。苏轼曾戏云："山抹微云秦学士，露花倒影柳屯田。"范温是秦观的女婿，范温曾经到别人家里参加宴会，在筵席上有歌女唱秦观词助兴。一开始范温周围的人没有与他交谈的，范温自己也比较拘谨，不敢说一句话。等到酒酣耳热、气氛融洽的时候，歌女向别人打听范温是何人？范温猛然站起来，叉着手骄傲地说："我乃山抹微云女婿也。"秦观的"斜阳外，寒鸦数点，流水绕孤村"化用隋炀帝《野望》"寒鸦飞数点，流水绕孤村。斜阳欲落处，一望黯消魂"，但比隋炀帝之作更加含蓄蕴藉。

秦观词对周邦彦和李清照影响很大，陈廷焯道："秦少游自是作手，近开美成，导其先路"；"李易安词，独辟门径，居然可观，其源自淮海、大晟来"。淮海是秦观，美成、大晟是周邦彦。

周邦彦

前人往往把周邦彦和秦观并列:"大抵北宋之词,周、秦两家,皆极顿挫沈郁之妙。而少游托兴尤深,美成规模较大,此周、秦之异同也。"(陈廷焯《白雨斋词话》)周济《宋四家词选·序论》指出了秦观和周邦彦的异同之处:"少游最和婉醇正,稍逊清真者辣耳。少游意在含蓄,如花初胎,故少重笔。"

周邦彦,字美成,号清真。一生在党争的漩涡中浮沉,多次被贬。"冷落词赋客,萧索水云乡。"(《红林檎近》)"憔悴江南倦客,不堪听、急管繁弦。"(《满庭芳·夏日溧水无想山作》)"自叹劳生,经年何事,京华信漂泊。"(《一寸金》)这些词句都充满了羁旅浮沉之感。

周词重视语言句式、章法结构和音律,下字运意,法度森严,所以作词者多喜欢效仿周词的体制。周词语言典雅醇厚,喜欢用典。《西河·金陵怀古》:"佳丽地,南朝盛事谁记?山围故国绕清江,髻鬟对起;怒涛寂寞打孤城,风樯遥度天际。断崖树,犹倒倚;莫愁艇子曾系。空余旧迹郁苍苍,雾沉半垒。夜深月过女墙来,伤心东望淮水。酒旗戏鼓甚处市?想依稀、王谢邻里。燕子不知何世;入寻常巷陌人家,相对如说兴亡,斜阳里。"此词化用刘禹锡的《石头城》和《乌衣巷》、李商隐的《莫愁》三首诗,自然贴切,颇具匠心。

周邦彦慢词受柳永的影响，以赋法入词，善于铺叙，且精通格律，词美调工。《兰陵王·柳》是伤别之作："柳阴直。烟里丝丝弄碧。隋堤上，曾见几番，拂水飘绵送行色。登临望故国。谁识京华倦客？长亭路，年去岁来，应折柔条过千尺。闲寻旧踪迹，又酒趁哀弦，灯照离席。梨花榆火催寒食。愁一箭风快，半篙波暖，回头迢递便数驿，望人在天北。凄恻，恨堆积！渐别浦萦回，津堠岑寂，斜阳冉冉春无极。念月榭携手，露桥闻笛。沉思前事，似梦里，泪暗滴。"长亭离宴，哀管悲弦，杨柳依依，京华倦客，登临伤怀，无限怅惘。曲折萦回，繁复多变，以蒙太奇式的手法，跳跃式的语言，写出了词人的思绪万千，愁肠百转。

周邦彦被认为是北宋词的集大成者，并开南宋词风，对姜夔、吴文英有很大影响。陈廷焯："词至美成，乃有大宗。前收苏、秦之终，后开姜、史之始，自有词人以来，不得不推为巨擘。"

李清照

李清照，号易安居士，济南章丘人，在词史上具有极高的地位，沈谦《填词杂说》把李清照与南唐后主李煜并称，认为他们的词当行本色："男中李后主，女中李易安，极是当行本色。"杨慎《词品》说李清照如为男子，可以与秦观、黄庭坚争胜："宋人中填词，李易安亦称冠绝。使在衣冠，当与秦

七、黄九争雄,不独雄于闺阁也。"

李清照的父亲李格非是"苏门后四学士"之一,李清照家学渊源,从少女时期便有诗名,才力华赡。其少女时期的词作语言清丽自然,格调轻松明快。"常记溪亭日暮,沉醉不知归路。兴尽晚回舟,误入藕花深处。争渡,争渡,惊起一滩鸥鹭"(《如梦令》),写出了活泼烂漫的少女情怀;"昨夜雨疏风骤,浓睡不消残酒。试问卷帘人,却道海棠依旧。知否?知否?应是绿肥红瘦"(《如梦令》),伤春惜花,暗含着闺中少女对青春的珍视。

李清照婚后与丈夫赵明诚收集整理金石文物,诗词酬唱,"余性偶强记,每饭罢,坐归来堂烹茶,指堆积书史,言某事在某书某卷第几叶第几行,以中否角胜负,为饮茶先后。中,即举杯大笑,至茶倾覆怀中,反不得饮而起。甘心老是乡矣"(《金石录后序》),赌书消得泼茶香,琴瑟和鸣,伉俪情深。李清照此一时期的词作多写和丈夫暂别时的相思之苦。《一剪梅》:"红藕香残玉簟秋。轻解罗裳,独上兰舟。云中谁寄锦书来,雁字回时,月满西楼。花自飘零水自流。一种相思,两处闲愁。此情无计可消除,才下眉头,又上心头。"据说,李清照结婚未久,丈夫赵明诚即负笈远游。李清照把《醉花阴》寄给丈夫,《醉花阴》中有"东篱把酒黄昏后,有暗香盈袖。莫道不销魂,帘卷西风,人比黄花瘦"之句,赵明诚佩服李清照词写得好，自愧弗如，所以一心想胜过李清照，就闭门谢客，废寝忘食，用了三天三夜，写了五十首，夹杂在李清照的词作中，拿给朋友陆德夫看。陆德夫反复斟酌后，说只有三句写得好。赵明诚询问是哪三句，陆德夫说，是"莫道不销魂，帘卷西风，人比黄花瘦"。这正是李清照所作。"东篱把酒黄昏后，有暗香盈袖"化用《古诗十九首·庭中有奇树》的"馨香盈怀袖，路远莫至之"，写女子在花树下痴痴地思念，伫立良久，以至于衣袖上熏满了花香，清雅蕴藉，深情绵邈。

靖康之难后李清照夫妻南渡，赵明诚去世，李清照后期生活饱尝艰辛，其词作也充满了忧伤凄苦之情。《武陵春·春晚》："风住尘香花已尽，日晚倦梳头。物是人非事事休，欲语泪先流。闻说双溪春尚好，也拟泛轻舟。只恐双溪舴艋舟，载不动许多愁。"与少女时期"兴尽晚回舟，误入藕花深处"对比，时过境迁，物是人非，无限凄苦。"载不动许多愁"把抽象的愁具象化，愁有了重量，新巧生动。《声声慢》："寻寻觅觅，冷冷清清，凄凄惨惨戚戚。"《诗经》《古诗十九首》中大量运用叠字，此后少有人继作。此词大量运用叠字，无斧凿之痕，自然妥帖，广为后人称道。

在理论上，李清照的《论词》提出词"别是一家"的观点，确立了词的独立地位。她认为词有别于诗歌，诗歌分平仄，而词对音律的要求更加严格，词分宫商角徵羽五音，分阴

平、阳平、上、去、入五声，分黄钟、太簇、姑洗、蕤宾、夷则、无射六律，还要分发音的清浊轻重。李清照评骘晏殊、欧阳修、苏轼虽学究天人，但是他们的词作不谐音律，"皆句读不葺之诗尔"。李清照的观点代表了文人对词的传统看法，没有看到苏轼对宋词的改革之功，未免有失公允。

二、豪放壮词

苏轼和辛弃疾并称苏辛，两人是豪放词派的代表。苏轼以诗为词，辛弃疾以文为词，在他们笔下，词可以抒情言志，可以议论说理，他们开拓了词境，扩大了词的表现领域。

苏轼

苏轼开创了宋词的豪放一派。他诗词文兼擅，是宋代成就最高的文人。苏轼早年奋发有为，积极用世。后陷入党争，屡遭贬谪。因乌台诗案被贬黄州，后被贬至惠州、儋州，苏轼《自题金山画像》中曾自嘲曰："问汝平生功业，黄州、惠州、儋州。"逆境中苏轼用儒家的固穷守志和道家、佛教的思想去面对人生的苦难，旷达超然，而且他的很多名作都是写于被贬之后。诗穷而后工，贬谪的遭际使苏轼对社会人生有了更深刻的感悟，从而玉成了文学创作。

苏轼之前，词被认为是诗余、小道，苏轼以诗为词，突破了词为艳科的格局，使词成为抒发性情抱负之作，元好问《新轩乐府引》说东坡词"情性之外,不知有文字",开拓了词境,丰富了词的表现内容,提高了词的品格和地位,使词得以和诗分庭抗礼。

苏词可以表现慷慨报国的豪情壮志,《江城子·密州出猎》:"酒酣胸胆尚开张,鬓微霜。又何妨!持节云中,何日遣冯唐?会挽雕弓如满月,西北望,射天狼。"有的词表现对人生的思索,如《定风波》:"莫听穿林打叶声,何妨吟啸且徐行。竹杖芒鞋轻胜马,谁怕?一蓑烟雨任平生。"面对人生的风雨,吟啸徐行,超然旷达。苏轼词有写田园风光农人生活的,如《浣溪沙》:"簌簌衣巾落枣花,村南村北响缲车,牛衣古柳卖黄瓜。酒困路长惟欲睡。日高人渴漫思茶,敲门试问野人家。"还可以登山临水,在词中发思古之幽情,如《念奴娇·赤壁怀古》:"大江东去,浪淘尽,千古风流人物。故垒西边,人道是,三国周郎赤壁。乱石穿空,惊涛拍岸,卷起千堆雪。江山如画,一时多少豪杰。"

与传统的多写男女恋情离愁别恨的婉约词相比,苏轼词豪迈旷达,令人耳目一新。"一洗绮罗香泽之态,摆脱绸缪宛转之度,使人登高望远,举首而歌,而逸怀浩气,超然乎尘垢之外。"(胡寅《酒边集序》)"东坡先生非心醉于音律者,偶尔作歌,指出向上一路,新天下耳目,弄笔者始知自振。"(王灼《碧鸡漫志》卷二)苏轼词挟海上风涛,开豪放一派,为宋词指出了新的发展方向。

辛弃疾

辛弃疾,字幼安,号稼轩。因生长于金人占领区,他自幼就决心收复失地、洗雪国耻。二十二岁时招聚两千兵马参加了耿京反抗金朝的起义队伍,耿京遇害后,辛弃疾率领五十名骑兵,深入五百万之众的金兵大营,生擒杀害耿京的叛贼将领张安国,可见他的胆略和豪气。辛弃疾颇有政治智慧和谋略,平生以气节自负、以功业自许,曾向朝廷进献《美芹十论》《九议》,陈述用人之道、复国之计,曾创建飞虎军,但南宋王朝主和派当政,一心向金朝俯首称臣,辛弃疾傲岸刚直的个性使他备受排挤弹劾,无路请缨,壮志难酬,最终抱憾病逝。

辛词中表现了他积极进取、渴望收复中原的豪情壮志,表现了他虎啸风生的英雄气概。他常以英雄自许,渴望成为曹操、刘备似的英雄:"英雄事,曹刘敌。"(《满江红》)"天下英雄谁

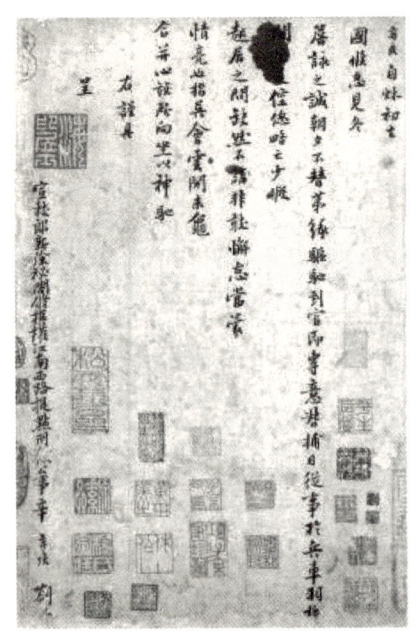

南宋 辛弃疾 去国帖

敌手？曹刘。生子当如孙仲谋。"（《南乡子》）"道'男儿到死心如铁'。看试手，补天裂。"（《贺新郎》）辛弃疾即使落魄闲居，华发苍颜，依然壮怀激烈："平生塞北江南。归来华发苍颜。布被秋宵梦觉，眼前万里江山。"（《清平乐》）与苏轼词的超然旷达不同，辛弃疾词更多地抒写他的豪情壮怀和失路之悲。"可惜流年，忧愁风雨，树犹如此！倩何人唤取，红巾翠袖，揾英雄泪！"（《水龙吟》）"了却君王天下事，赢得生前身后名。可怜白发生。"（《破阵子》）

辛弃疾词中也有表现农村田园生活和隐逸情趣的作品，《西江月》："明月别枝惊鹊，清风半夜鸣蝉。稻花香里说丰年。听取蛙声一片。七八个星天外，两三点雨山前。旧时茅店社林边。路转溪桥忽见。"

受辛弃疾影响，南宋词坛出现"辛派词人"，他们在词中多抒写爱国之情、报国之志，慷慨激昂，陆游、刘克庄、陈亮、刘过是其中的代表，如陆游《诉衷情》："当年万里觅封侯，匹马戍梁州。关河梦断何处，尘暗旧貂裘。胡未灭，鬓先秋。泪空流。此生谁料，心在天山，身老沧洲。"此词抒发了陆游壮志未酬的悲愤，与辛弃疾如出一辙。

第六章

市民文化与元明清文学

元朝军事强盛，疆域非常广阔，"北逾阴山，西极流沙，东尽辽左，南越海表"（《元史》），成为中国古代史上幅员最广的朝代，进一步奠定了中国疆域的规模。元朝是蒙古人建立的政权，统治者把子民分为蒙古、色目、汉人、南人四个等级，民族压迫严重。《元史·刑法志四》记载，"诸蒙古人与汉人争，殴汉人，汉人勿还报，许诉于有司"，"知有违犯之人，严行断罪"。元代曾一度中止科举，儒生地位下降，文人仕进无望，他们的人生道路和价值观念遂与传统文人大相径庭，或流连市井，追求自由个性，放诞不羁，具有反传统的叛逆精神；或厌倦现实，放逸山水，遁世归隐。

在文化上，蒙古人又逐渐汉化。忽必烈定国号为元，即取《易经》"大哉乾元"之义，为巩固统治，尊崇理学。因元

朝上层统治者出自不同的民族,所以也宽容地对待佛教、道教等,影响到了人们的价值观念。民族杂居也促进了文化的融合。元代出现了一些蒙古族作家,其作品往往有质朴豪放的特点。徐渭《南词叙录》:"今之北曲,盖辽金北鄙杀伐之音,壮伟狠戾,武夫马上之歌,流入中原,遂为民间之日用。"元杂剧也吸收了蒙古族乐曲的特点。

元代重视商业,经济在宋代的基础上有了新的发展,商人的地位大大提高。城市规模逐渐扩大,都城大都既是政治文化的中心,也是商业的中心。关汉卿《南吕·一枝花》描写杭州是"普天下锦绣乡,环海内风流地……这答儿忒富贵。满城中绣幕风帘,一哄地人烟凑集",此外真定、大同、汴梁、扬州、镇江等城市在当时都有较大的规模。城市规模的扩大促进市民阶层的壮大,市民阶层的审美趣味和市民文化进而影响了文学的创作。传统的诗文词属于案头文学,重在抒发情感抱负、个人意趣,是文人士大夫的偏好,不再符合市民阶层的趣味。文学创作走向通俗化,元曲盛行。元曲包括散曲和杂剧,元杂剧是在先秦歌舞、汉魏百戏、隋唐戏弄、宋代院本等的基础上发展而来,融合舞蹈、说唱、杂技、表演等形式而成的综合艺术。夏庭芝在《青楼集志》中说:当时"内而京师,外而郡邑,皆有所谓勾栏者,辟优萃而隶乐,观者挥金与之"。勾栏瓦肆中市民的审美倾向使杂剧这类通俗文学繁荣发展,占

据了文坛的主导地位，成为元代最具代表性的文体。

明代城市商业经济更加繁荣，各类文学发展比较全面，传统文学样式如诗词文等有所发展，新的文学样式也引人注目，如戏曲方面有杂剧、南戏、昆曲，小说方面长篇、短篇都有长足发展，特别是章回小说的诞生和定型是明代对中国文学的最大贡献。

思想上王阳明心学流行。在孟子性善论和陆九渊心学的基础上，王阳明主张知行合一，致良知，"心者，天地万物之主也"，从程朱理学注重外在的天理到王阳明心学注重内心的自省，强化了人的主观能动性，促进了人的自我意识的觉醒。泰

明　佚名　明人夏景货郎图轴

州学派又称王学左派,发扬了王阳明的心学思想,反对束缚人性,代表人物李贽说"穿衣吃饭是人伦物理",提倡童心说,童心即赤子之心,绝假纯真。明朝后期遂形成重视个性、肯

明　陈洪绶　饮酒读书图

定人欲的思想解放潮流。影响到文学创作,文学更加注重表现自由和性情。诗文领域产生性灵说,汤显祖的《牡丹亭》写道:"情不知所起,一往而深,生者可以死,死可以生。生而不可与死,死而不可复生者,皆非情之至也。"李贽的童心说对后世文人产生了重要的影响。

清代在文学上集历代文学之大成,诗文词戏曲小说的创作都出现了繁盛的局面,最能代表清代文学成就的文体是小说,《聊斋志异》《儒林外史》《红楼梦》都是传世之作。

第一节　元明戏曲

元代杂剧取得了极高的成就，到了明代，传奇取代了杂剧，成为明代戏曲的主流。

一、元代杂剧

元代剧作家们如关汉卿、王实甫、白朴、马致远等人创作了许多优秀的作品。胡祗《赠宋氏序》解释元杂剧命名为杂剧的原因为："既谓之杂，上则朝廷君臣政治之得失，下则闾里市井父子兄弟夫妇朋友之厚薄，以至医药卜筮释道商贾之人情物性，殊方异域语言之不同，无一物不得其情，不穷其态。"元杂剧题材涉及爱情、婚姻、历史、公案、豪侠、神仙道化等多个方面。陈与郊在《古杂剧序》中说："夫元之曲以摹绘神理，殚极才情，足抉宇壤之秘。"孟称舜《古今名剧合选序》中也说："迨夫曲之为妙，极古今好丑、贵贱、离合、死生，因事以选形，随物而赋象。"可见，元杂剧反映了丰富的社会生活。

关汉卿

关汉卿，名不详，字汉卿，号已斋。他多才多艺，豁达狂

傲,他的套数〔南吕·一枝花〕《不伏老》自称"我是个蒸不烂、煮不熟、捶不匾、炒不爆、响珰珰一粒铜豌豆","我也会围棋、会蹴鞠、会打围、会插科、会歌舞、会吹弹、会咽作、会吟诗、会双陆",表达了对传统道德观念的叛逆、不屈不挠的抗争精神和对市民文化的认同感。他仕进无门,所以创作杂剧,有时还躬践排场、面敷粉墨,参加演出,是当时的梨园领袖。关汉卿的杂剧在艺术上取得了极高的成就,他擅长设置紧张激烈的冲突,擅长设置悬念,情节张弛有度,语言符合人物的身份,描写生动,本色当行。

关汉卿杂剧今存十八种。《窦娥冤》是关汉卿最脍炙人口的杂剧,故事情节源于《列女传》中的《东海孝妇》。窦娥善良孝顺,命途多舛,三岁丧母,七岁被父亲抵债给蔡婆婆作童养媳,长大结婚不久,丈夫因病去世,窦娥守寡。婆婆蔡氏放债,欠债的赛卢医因还不起"羊羔儿利"起了杀心,要杀死蔡氏。张驴儿父子意外地救下了蔡氏后,就赖在蔡家,要霸占蔡氏婆媳。窦娥坚决不从。张驴儿下毒欲害死蔡氏逼窦娥改嫁;可是没有想到有毒的羊肚儿汤被其父误喝,其父身亡;恶毒的张驴儿就嫁祸给窦娥,想逼迫窦娥私休,否则告官。窦娥本以为对簿公堂就能还自己清白,没有想到贪官枉法偏听偏信,是非不分。窦娥在自己遭受毒打时仍然不肯屈服,但因不忍心让婆婆挨打,为了保护婆婆,只好含冤屈招。临刑前,窦娥满腔愤怒，她痛斥天地，发出三桩誓愿：血飞白练、六月飞雪、亢旱三年，要苍天证明她的清白，她控诉："地也，你不分好歹何为地？天也，你错勘贤愚枉做天！"她声明："不是我窦娥罚下这等无头愿，委实的冤情不浅；若没些儿灵怪与世人传，也不见得湛湛青天。"（第三折〔耍孩儿〕）窦娥的冤情感天动地，她死后，"三愿"一一应验，后窦娥的鬼魂托梦给已升任廉访使的父亲，最终惩治了仇人，为她平反昭雪。《窦娥冤》写出了元代社会的黑暗混乱、贪官的草菅人命和下层百姓的悲惨命运。最后窦娥沉冤得雪体现了关汉卿的正义终将战胜邪恶的美好愿望。王国维《宋元戏曲考》赞美《窦娥冤》说："即列之于世界大悲剧中，亦无愧色也。"

关汉卿除了创作关注现实的作品外，还通过杂剧来寄托他的理想。《单刀会》就寄托了关汉卿对拯救乱世的英豪的渴望。《单刀会》写鲁肃欲讨还荆州，邀请关羽到江东赴宴，关羽明知有诈，但为了大业置个人生死于度外，毅然单刀赴会的故事，赞扬了关羽光明磊落、叱咤风云的英雄气概。第四折中关羽唱的〔驻马听〕："水涌山叠，年少周郎何处也？不觉的灰飞烟灭。可怜黄盖转伤嗟，破曹的樯橹一时绝，鏖兵的江水犹然热——好教我情惨切！（带云）这也不是江水，（唱）二十年流不尽的英雄血！"此处化用苏轼的《念奴娇·赤壁怀古》，充满历史的沧桑感，慷慨豪壮。

王实甫

王实甫,名德信,代表作是《西厢记》。唐代元稹有《莺莺传》,金代董解元改为《西厢记诸宫调》。王实甫的《西厢记》系改编《西厢记诸宫调》而成。元杂剧一般是四折,而《西厢记》则有五本二十折,体制上有所创新,情节上波澜起伏,具有了更丰富的艺术表现力。

《西厢记》写的是有情人终成眷属的故事。老夫人郑氏带女儿莺莺扶崔相国灵柩归葬,在普救寺暂住。张生和莺莺相遇,互生爱慕之心,遭到老夫人反对。经红娘帮忙,老夫人答应张生赴京赶考,考中后就同意婚事。后张生考中,与莺莺喜结连理。"愿普天下有情的都成了眷属"的思想体现了对个人情感的尊重,对封建礼教和封建婚姻制度的突破。对情的追求在汤显祖的《牡丹亭》、曹雪芹的《红楼梦》中得到了继承和发扬。

《西厢记》中的人物形象都非常生动,执着追求爱情的莺莺、赤诚的张生、机智的红娘,个性都非常鲜活。《西厢记》的语言尤其成功,备受赞誉。王骥德赞其"今无来者,后掩来哲,虽擅千古绝调"(《新校注古本西厢记》);徐复祚赞其"字字当行,言言本色,可谓南北之冠"(《曲论》)。如莺莺的唱词:〔混江龙〕"落红成阵,风飘万点正愁人。池塘梦晓,槛辞春,蝶粉轻沾飞絮雪,燕泥香惹落花尘,系春心情短柳丝长，隔花阴人远天涯近。香消了六朝金粉，清减了三楚精神。"华美典雅，深婉含蓄，非常符合她大家闺秀的身份。《长亭送别》一折，〔正宫·端正好〕："碧云天，黄花地，西风紧，北雁南飞。晓来谁染霜林醉？总是离人泪。"这里化用范仲淹的《苏幕遮》，情景交融，烘托出了离人的忧伤。"自有《西厢》而迄于今，四百余载，推《西厢》为填词第一者，不知几千万。"（李渔《闲情偶寄》）

白朴

白朴，字仁甫，一字太素，号兰谷。白朴经历金亡伤乱，幼年时父亲白华随金哀宗出奔，战乱中白朴姐弟与母亲失散，幸被元好问收养。十二岁时父子终得团聚，白华写诗"顾我真成丧家犬，赖君曾护落巢儿"，表达对元好问的感激之情。"纂罢不知人换世，兵余独见川流血，叹昔时歌舞岳阳楼，繁华歇。"（《天净沙·秋思》）兵火浩劫，满目荒凉，白朴饱经沧桑，忧伤消沉，不愿出仕。"长醉后方何碍，不醒时有甚思。糟腌两个功名字，醅渰千古兴亡事，曲埋万丈虹霓志。不达时皆笑屈原非，但知音尽说陶潜是。"（《寄生草·饮》）凄凉苦闷，借酒消愁，追慕陶潜。孙大雅为白朴词集《天籁集》作序云："先生少有志天下，已而事乃大谬。顾其先为金世臣，既不欲高蹈远引以抗其节，又不欲使爵禄以干其身，于是屈己降志，玩世滑稽。"白朴的作品中往往有兴亡之叹、黍离

之悲。

白朴杂剧代表作是《梧桐雨》，受白居易《长恨歌》影响，写杨玉环、李隆基爱情故事。《梧桐雨》之名取自《长恨歌》中的"春风桃李花开日，秋雨梧桐叶落时"，凄清幽怨，意境深婉。中唐以来，描绘李杨故事的作品很多，有的赞美李杨爱情的忠贞，有的讽刺玄宗沉湎酒色、荒淫误国。《梧桐雨》描写李杨爱情悲剧，揭示李唐王朝衰败的原因，同时也寄托着白朴作为易代之人的历史沧桑感和人生无常感。《梧桐雨》先写李隆基不辨忠奸，让安禄山镇守边境，埋下祸基；其次写李杨长生殿乞巧，相约生生世世永为夫妇。第三折写安禄山叛乱、马嵬兵变，李隆基为求自保，赐贵妃自缢。最后写回宫后的李隆基思念死去的贵妃，感慨"无权柄谢位辞朝，孤辰限难熬"，追悔莫及，无限凄凉。在《梧桐雨》里，梧桐是李杨悲欢离合的见证，烘托出寂寞哀伤的情感。《梧桐雨》语言华美典雅，感情深挚缠绵，意境深婉蕴藉。王国维《人间词话》誉之为："沉雄悲壮，为元曲冠冕。"《梧桐雨》对清代洪昇的《长生殿》产生了深远的影响。

马致远

马致远，号东篱。早年受儒家思想影响，积极进取，曾出任江浙行省务官，政治上不得志，后转向道家思想，淡泊名利，自称"东篱本是风月主，晚节园林趣"，超脱旷达，过着恬静闲适的隐居生活。马致远的小令《天净沙·秋思》"枯藤老树昏鸦，小桥流水人家，古道西风瘦马。夕阳西下，断肠人在天涯"是广为传诵的名作。前三句只用名词写成，颇见匠心，用秋天萧瑟凄清的景象烘托漂泊游子的孤寂忧伤的情怀，情景交融，富有意境。王国维《人间词话》赞其"寥寥数语，深得唐人绝句妙境"。

马致远被称为"曲状元"，他的杂剧散曲都取得了很高的成就。其杂剧的代表作是《汉宫秋》，写昭君出塞的故事：汉元帝派毛延寿挑选宫女，毛延寿贪得无厌，收取贿赂，因王昭君不肯行贿，就故意把昭君画丑。汉元帝巡宫时遇到王昭君，非常喜爱，封为明妃。毛延寿畏罪逃往匈奴，并挑唆单于以兵力威胁汉元帝求娶昭君。汉朝百官畏惧匈奴，劝元帝以昭君换取和平。元帝迫不得已只好同意。昭君在出塞途中投水自尽。《汉书·元帝纪》《汉书·匈奴传》和《后汉书·南匈奴传》均载有昭君出塞的史实。历史上汉元帝时期汉朝强盛，匈奴处于弱势，匈奴要求和亲是臣服的表现。马致远的《汉宫秋》改编了历史，写汉朝衰败被异族欺凌，寄托着马致远王朝易祚的兴衰之感和个人无法掌控自己命运的痛苦之情。《汉宫秋》和白朴的《梧桐雨》类似，都有借历史故事来感慨现实之意。

二、明代传奇

明代戏曲包括杂剧和传奇,传奇源于南方,是明代戏曲的主流,傅惜华所编《明代传奇总目》著录明传奇剧目950种。

早期的传奇受程朱理学影响,宣扬伦理纲常,丘濬《伍伦全备忠孝记》中主人公名为伍伦全和伍伦备,寓有教化之意。邵灿《香囊记》赞美忠臣孝子、慈母贞妻、兄弟之情、朋友之义。明代嘉靖年间,有更多的文人从事传奇创作,出现了三大传奇:李开先的《宝剑记》、梁辰鱼的《浣纱记》、王世贞或其门人所作的《鸣凤记》。《宝剑记》据《水浒传》情节改编,写林冲被逼上梁山的故事;《浣纱记》借范蠡与西施的爱情故事写兴亡之感;《鸣凤记》是时事剧,揭露权臣严嵩的罪恶。三部传奇的文学性大大加强,语言更趋骈俪化。明代后期传奇创作出现了繁荣的景象,汤显祖是明传奇最著名的作家。

汤显祖

很多学者都把汤显祖与莎士比亚相提并论,认为他俩是同时代的戏剧大家。

汤显祖生活在明代嘉靖、隆庆、万历三朝,当时朝政腐败,汤显祖长期沉沦下僚,最后辞官归隐,在临川玉茗堂中潜心创作。在思想上汤显祖主要受泰州学派的影响,追求至情,带有个性解放的色彩。他的《紫钗记》《牡丹亭》《南柯记》《邯郸记》合称"临川四梦"。其中最有影响力的是《牡丹亭》。

《牡丹亭》写杜丽娘游园，梦中与柳梦梅一见钟情。梦醒后相思成疾，留下自画像遗憾离世。三年后，柳梦梅偶得画像，与丽娘游魂相爱，丽娘起死回生，俩人终成眷属。

剧中歌颂了杜丽娘超越生死的至性至情，"情不知所起，一往而深。生者可以死，死可以生。生而不可与死，死而不可复生者，皆非情之至也"。杜丽娘是追求自由爱情的理想人物。其父杜宝和塾师陈最良则迂腐顽固，是封建礼教的化身。

剧中充满了对青春和爱情的讴歌。《惊梦》中，"原来姹紫嫣红开遍，似这般都付与断井颓垣。良辰美景奈何天，赏心乐事谁家院。朝飞暮卷，云霞翠轩，雨丝风片，烟波画船。锦屏人忒看的这韶光贱"赞美自然界的春光，感慨韶光易逝，青春短暂。《牡丹亭》反对禁锢人性的程朱理学，崇尚至性至情，赞美美好的青春和爱情，体现了崇尚个性解放的思潮。

第二节　明清小说

小说是明清的代表性文体，出现了《三国演义》《水浒传》《西游记》《聊斋志异》《儒林外史》《红楼梦》等佳作。

一、三国群雄

《三国演义》,又称《三国志演义》,据陈寿的史书《三国志》和裴松之注改编,是第一部长篇章回小说,也是第一部历史演义小说,描写了从汉末黄巾起义到西晋统一的近百年的历史风云。作者罗贯中,名本,字贯中,号湖海散人,是元末明初小说家。元明王朝更迭之际的社会动荡,使得人们崇拜英雄豪杰,渴望天下太平,《三国演义》应运而生。

《三国演义》中的刘备就是圣主仁君的形象,桃园结义时他的理想是上报国家、下安黎庶;做安喜县尉时,与民秋毫无犯,民皆感化。被曹军追杀时,新野樊城两县百姓甘愿追随刘备,众将劝他暂弃百姓,刘备坚决不肯,冒着危险携民渡江。他尊重贤才,为成全徐庶孝心放徐庶入曹营;他求贤若渴,为请诸葛亮出山三顾茅庐。关羽义薄云天,是义的化身,关羽守下邳时,为了护刘备妻儿,在不知刘备生死的情况下,为了不违背同年同月同日死的誓言,决定降汉不降曹。后身在曹营心在汉,得知刘备消息后,马上挂印封金而去。华容道放走曹操亦被认为是重义之举。诸葛亮是智慧的化身,未出茅庐已定天下三分,火烧博望、草船借箭、借东风、空城计奇招不断;诸葛亮还以忠名垂青史,为报刘备知遇之恩,诸葛亮鞠躬尽瘁,六出祁山死而后已。与刘备相对,曹操是奸诈的代表。他"宁教我负天下人，休教天下人负我"，杀掉吕伯奢全家，割发代首、梦中杀人，杀杨修，奸诈残忍。《三国演义》把蜀汉作为中心，以拥刘反曹为主题，寄托了罗贯中对太平盛世圣主贤臣的渴望，表达了他受儒家影响的政治道德观念。

《三国演义》三分事实，七分虚构，在三国正史的基础上，经过艺术化的加工，结构宏大，描绘出一段波澜壮阔、风起云涌的历史。《三国演义》擅长描写战争，官渡之战、赤壁之战、彝陵之战等都写得极为精彩。《三国演义》塑造了四百多位人物形象，赵云、孙权、周瑜、黄忠、鲁肃、司马懿等都极富个性色彩，成为家喻户晓的人物。《三国演义》中的智慧和谋略更是为后人所称道。

二、红楼一梦

曹雪芹，名霑，字梦阮，号雪芹，又号芹溪、芹圃。曾祖母是康熙的乳母，祖父曹寅曾是康熙的伴读。从曾祖父曹玺开始，几代皆担任江宁织造。康熙六次南巡中，四次由曹雪芹的祖父曹寅负责接驾。曹寅还兼任两淮巡盐监察御史，曾奉旨刊刻《全唐诗》和编纂《佩文韵府》。康熙去世，雍正即位后，曹家被抄家，举家搬回北京。曹雪芹早年在南京经历过富贵繁华，被抄家后家道没落，生活困窘，经受了世态炎凉。从鲜花着锦、烈火烹油的繁盛到满径蓬蒿的穷愁潦倒，曹雪芹感受

清　费丹旭　十二金钗图之黛玉葬花

到了人生的脆弱和盛衰的无常，他把对社会人生的深刻体悟寄托到文学创作中。在举家食粥酒常赊的艰难处境中，坚持创作《红楼梦》，"字字看来皆是血，十年辛苦不寻常"，"披阅十载，增删五次"。后因幼子夭折，曹雪芹悲痛至极，不久去世。

后人一般认为曹雪芹的《红楼梦》只写了八十回，后由高鹗续写后四十回。高鹗所续在艺术上有所逊色，并且写了兰桂齐芳的大团圆结局，削弱了《红楼梦》的悲剧意蕴，也不符合《飞鸟各投林》判词中"白茫茫大地真干净"的预言，不符合曹雪芹的本意。

《红楼梦》体现的是佛道思想，茫茫大士和渺渺真人一为僧人一为道人，跛足道人的《好了歌》勘破红尘，大彻大悟。曹雪芹带着悲悯的情怀，将真事隐去，假语存焉。写一块无才补天的顽石幻化为贾宝玉，生在钟鸣鼎食、诗礼簪缨的贾府，他和黛玉有木石前盟，和宝钗有金玉良缘。黛玉才华横溢，任情率性，有诗人的气质，追求爱情，高洁坚贞。从不劝宝玉走仕途经济之路，是宝玉的知音。宝钗温柔贤德，举止娴雅，处处以礼自守，循规蹈矩。黛玉焚稿断痴情，魂归离恨天是悲剧；宝钗纵然是举案齐眉，到底意难平亦是悲剧。《红楼梦》中钗黛判词合一："可叹停机德，堪怜咏絮才。玉带林中挂，金簪雪里埋。"曹雪芹对她们都寄予了深挚的同情。全书以宝黛钗的爱情婚姻悲剧为主线，穿插了金陵十二钗的千红一哭、万艳同悲的悲惨命运，写出了贾府逐渐走向衰败的命运。秦可卿丧事、贾元春省亲都写出了贾府的奢华靡费；王熙凤作为荣国府的实权人物，因贪财弄权铁槛寺，视人命如草芥；贾珍、贾琏等都是荒淫的纨绔子弟。内部的混乱导致了封建贵族世家必然走向没落的结局。《红楼梦》是一部悲剧小说。"悲凉之雾，遍被华林。"（鲁迅《中国小说史略》）

《红楼梦》是古代文化的百科全书，琴棋书画、音乐戏曲、园林建筑、饮食服饰等都有涉及，清代王希廉说："翰墨则诗词歌赋、制世尺牍、爱书戏曲，以及对联匾额、酒令灯

迹，说书笑话，无不精善；技世则琴棋书画，医卜星相，及匠作构造，栽种花果，畜养禽鱼，针黹烹调，巨细无遗……可谓包罗万象，囊括无遗，可谓才大如海，岂是别部小说所能望其项背。"在文学方面，《红楼梦》大量运用诗词歌赋，优美典雅，人物的语言富有个性化，贴合人物的身份，叙述性的语言精练传神。《红楼梦》在语言艺术上登峰造极，代表了古典小说的最高成就。

第三节　近代新声

近代指从 1840 年鸦片战争开始，到 1919 年五四新文化运动之前的这段时期。西方列强的入侵，使中国沦为半殖民地半封建社会，传统文化受到冲击，文学也发生了新变。

为救亡图存，一些先进的知识分子开始从西学中寻求治国良方。魏源在其《海国图志》中提出了师夷长技以制夷的观点，朝廷兴办新式学堂，派遣留学生赴海外学习，翻译书籍，西学东渐、新旧文化交融碰撞是这一时期的显著特点。近代文学在诗词文各方面也有了许多新变。

龚自珍得风气之先，是近代最早的启蒙思想家。他关注现实，议论时政，富有理性，崇尚个性解放，写《乙亥杂诗》

表明心迹:"九州生气恃风雷,万马齐暗究可哀。我劝天公重抖擞,不拘一格降人才。"他忧念国事,渴望优秀人才变革现实。民族英雄林则徐的诗歌充满了强烈的爱国情感,"苟利国家生死以,岂因祸福避趋之",大义凛然,慷慨激昂。黄遵宪、梁启超、康有为、谭嗣同等都注重通过诗文来反映现实,挽救时弊。

在思想启蒙和文学革新运动中,小说占有重要的地位。《官场现形记》《二十年目睹之怪现状》《老残游记》《孽海花》是近代著名的四大谴责小说,抨击现实,笔锋犀利。李宝嘉的《官场现形记》揭露官场黑暗,影射现实。吴沃尧的《二十年目睹之怪现状》带有自传性质,揭露当时社会各方面的黑暗。刘鹗的《老残游记》批评封建社会的官僚政治和文化心态,《孽海花》展现政治和文化的变迁、封建士大夫的没落。戏剧领域出现了改良运动,新的剧种话剧诞生,出现了第一个戏剧团体春柳社。

近代文学承前启后,诗文小说戏剧各方面的新变为新文化运动后的现代文学的产生做了充足的准备。新文化运动由陈独秀、李大钊、鲁迅、胡适等受过西方教育的人发起,提倡民主与科学,反对封建文化,是对中国传统文化的革新运动。新文化运动提倡新文学,古典文学就此终结,中国文学进入现代文学阶段。

结 语

　　孔子面对河水感慨逝者如斯，不舍昼夜，教给我们要珍惜时光；孟子的浩然之气告诉我们要有傲岸的人格；老庄的自然和禅宗的顿悟启迪我们在遭遇困厄时要拥有宁静的心境。屈子不肯以皓皓之白沾染世俗尘埃，傲岸峻洁；陶渊明东篱采菊、把酒见南山，悠闲淡远；李白豪放自信；杜甫仁民爱物；苏轼旷达澄明……他们面对困厄时或坚韧不拔，或旷达超然……文学中表现了许多美好的品格，爱国爱民、重情重义、思念故乡、珍惜时光、积极进取、坚韧不拔、旷达超脱、在平淡的生活中寻求艺术之美、追求诗意的艺术化的人生，等等。人类的思想情感历经沧海桑田，古今相通，后世读者在品读千载之前的作品时仍然会感同身受、心有戚戚，甚至醍醐灌顶、豁然开朗，产生异代知己之感。文学中蕴含着深厚的文化精神，陶铸着国人的性情和魂魄，展现并传承着伟大的中华文明。

参考文献

[1]曹雪芹．红楼梦[M]．北京：人民文学出版社，1996．

[2]陈铁民校注．王维集校注[M]．北京：中华书局，1997．

[3]程俊英译注．诗经译注[M]．上海：上海古籍出版社，2004．

[4]曹操．曹操集[M]．北京：中华书局，2009．

[5]陈鼓应译注．庄子今注今译[M]．北京：中华书局，2009．

[6]罗贯中．三国演义[M]．北京：人民文学出版社，1998．

[7]刘石导读．苏轼词集[M]．上海：上海古籍出版社，

2009.

[8]李泽厚.美的历程[M].北京:生活·读书·新知三联书店,2009.

[9]林家骊注.楚辞[M].北京:中华书局,2010.

[10]仇兆鳌注.杜诗详注[M].北京:中华书局,2015.

[11]瞿蜕园等注.李白集校注[M].上海:上海古籍出版社,2009.

[12]司马迁.史记[M].北京:中华书局,2006.

[13]王仲闻校注.李清照集校注[M].北京:人民文学出版社,1979.

[14]袁行霈笺注.陶渊明集笺注[M].北京:中华书局,2003.

[15]袁珂校注.山海经校注[M].上海:上海古籍出版社,1980.

[16]杨伯峻译注.孟子译注[M].北京:中华书局,2005.

[17]杨伯峻译注.论语译注[M].北京:中华书局,2009.

[18]朱金城笺注.白居易集笺注[M].上海:上海古籍出版社,1988.

[19] 朱碧莲等译注. 世说新语[M]. 北京：中华书局，2011.

[20] 张启成等译注. 文选[M]. 北京：中华书局，2019.